진:격

적을 치기 위하여 앞으로 나아가다

신:격

홍민기

규장

하나님의 외침에 순종할 수만 있다면
승리는 나의 것이다

'진격'이라는 단어를 쉽게 말할 때가 있었다.
나이가 들어갈수록 진격이라든지 승리라든지
이런 단어들이 쉽게 외쳐지지 않는다.

그러나 여호수아를 묵상하며 한 줄씩 글을 쓸 때,
그리고 글을 보며 제목을 생각할 때
'진격'이라는 단어를 떨쳐버릴 수 없었다.

현실은 힘들고 암울하다.
경제도, 사회도 힘들다.

그러나 여호수아와 함께 역사하시는 하나님은
단 한 번도 세상적인 힘으로 성을 무너뜨리시거나
문제를 해결하시지 않는다.
'진격'을 외치시면 가면 된다.

내가 '진격'을 외치지만 않으면 된다.
'진격'을 외치시는 이가 하나님이시면 정말 승리한다.

아무리 어둡고 암울해도
'진격'을 외치시는 이가 하나님이시고
내가 그의 외침에 순종하는 사람이라면
오늘도 승리는 나의 것이다.

쉽게 무너지지 않을 것이다.
딱 한 번만이라도
주님께 순종하여 승리를 체험하길 기도한다.

비 오는 석촌호수 앞 카페에서

홍민기

프롤로그

PART **1**
**믿음으로,
진격**

PART **2**
순종으로, 정복

PART **3**
은혜 안에서, 헌신

믿음으로, 진격

여호수아 1:1-9

1 여호와의 종 모세가 죽은 후에 여호와께서 모세의 수종자 눈의 아들 여호수아에게 말씀하여 이르시되 2 내 종 모세가 죽었으니 이제 너는 이 모든 백성과 더불어 일어나 이 요단을 건너 내가 그들 곧 이스라엘 자손에게 주는 그 땅으로 가라 3 내가 모세에게 말한 바와 같이 너희 발바닥으로 밟는 곳은 모두 내가 너희에게 주었노니 4 곧 광야와 이 레바논에서부터 큰 강 곧 유브라데 강까지 헷 족속의 온 땅과 또 해 지는 쪽 대해까지 너희의 영토가 되리라 5 네 평생에 너를 능히 대적할 자가 없으리니 내가 모세와 함께 있었던 것 같이 너와 함께 있을 것임이니라 내가 너를 떠나지 아니하며 버리지 아니하리니 6 강하고 담대하라 너는 내가 그들의 조상에게 맹세하여 그들에게 주리라 한 땅을 이 백성에게 차지하게 하리라 7 오직 강하고 극히 담대하여 나의 종 모세가 네게 명령한 그 율법을 다 지켜 행하고 우로나 좌로나 치우치지 말라 그리하면 어디로 가든지 형통하리니 8 이 율법책을 네 입에서 떠나지 말게 하며 주야로 그것을 묵상하여 그 안에 기록된 대로 다 지켜 행하라 그리하면 네 길이 평탄하게 될 것이며 네가 형통하리라 9 내가 네게 명령한 것이 아니냐 강하고 담대하라 두려워하지 말며 놀라지 말라 네가 어디로 가든지 네 하나님 여호와가 너와 함께 하느니라 하시니라

chapter 1

사명에 이끌려 진격하라

성장해야 한다

신앙을 갖는 것도 중요하지만 성장하는 것은 더 중요하다. 아기가 태어나면 얼마나 기뻐하는가? 모두가 아기의 탄생을 축하하고 기뻐한다. 그러나 태어나는 것보다 더 중요한 것은 잘 자라는 것이다. 아기가 성장하지 않으면 태어난 기쁨보다 근심이 더 커지게 된다. 아기가 태어나는 것도 기쁘지만, 성장이 더 큰 기쁨이다.

신앙생활도 그렇다.

신앙을 갖게 된 후에 영적 성장이 이루어지지 않으면 근심한다. 신앙을 갖게 된 후에 하나님을 바라보고, 말씀을 붙잡고, 승리하고, 변화되고, 하나님 보시기에 아름답게 서가는 단계적인 성장이 없으면, 태도가 삐딱해지고 말씀을 붙잡지 못하는 상태가 된다. 이렇듯 변화 없는 신앙은 영적 동력을 잃게 된다.

씨앗이 싹터 생명의 기쁨을 맛보았다면, 이제 성장하여 열매를 맺어야 한다. 성장하지 못하는 씨앗이나 새싹은 사람에게 밟혀 사라지고 만다. 마찬가지로 성장하지 못하여 능력을 경험하지 못하는 믿음은 기쁨만 빼앗기는 것이 아니라 더 이상 말씀을 붙잡지 못하는 상태가 되고 만다.

사람은 의미가 없으면 숨 쉬는 것도 버겁다.
의미는 사명이다.
사명이 새롭게 되어야 신앙의 성장이 일어나고
삶의 의미가 새로워진다.
그러니 이제 다시 한번 주님을 바라보고,
주님의 말씀을 붙잡고, 사명을 새롭게 하자.
그래서 성장하는 기쁨을 누려야 한다.

작은 사명은 없다

여호수아서 1장 1장에 이런 말이 나온다.

"모세의 수종자 눈의 아들 여호수아."

'수종자'란 단어에 주목하자. 여호수아는 모세의 수종을 드는 자였다. 그래서인지 여호수아를 생각할 때, 모세보다 못한 사람으로 인식하는 경우가 많다. 모세가 아무나 흉내 낼 수 없는 위대한 하나님의 사람인 것은 틀림없다. 하지만 여호수아의 사명이 모세의 사명과 비교하여 작은 사명이었던 것은 아니다.

사명을 주신 분이 하나님이시라면 어떤 사람의 사명도 작을 수 없다. 내게 사명을 주신 분이 하나님이시라면, 내가 받은 어떤 사명도 작지 않다.

하나님이 주신 사명에 작은 사명은 없다.
그저 다른 사명이 있을 뿐.

또한 하나님은 사명만 주시지 않는다. 하나님은 여호수아에게 사명을 주시며 '사실, 네가 감당하기 어려울 거야. 모세의 뒤를 잇는 것은 불가능할 거야'라고 말씀하지 않으셨다. 하나님께서는 여호수아에게 계속해서 "두려워하지 말라. 내가 너와 함께한다"라고 약속해주셨다. 감당할 수 있게 해주시겠다는 약속인 것이다. 하나님이 여호수아에게 원하신 것은 단 하나, 하나님을 의지하고 하나님을 바라보는 것이었다.

너는 나만 바라보라.
다른 곳을 보지 말라.

하나님을 의지할 때, 하나님을 바라볼 때, 하나님이 맡기신 사명을 감당할 수 있다.

하나님은 우리에게 한 사람의 교회로, 기도하는 집으로 감당해야 할 사명을 주셨다. 그냥 교회 다니는 것으로 끝이 아니다. 우리는 우리에게 주어진 삶에서 섬기고, 베풀고, 쓰임 받으며 아름답게 살아가야 한다. 그것이 하나님이 우리에게 주신 사명이다.

사명을 주시는 분은 하나님이시다.
직장도 사명이고,
가정도 사명이다.
우리 일상의 모든 발걸음이
우리를 향하신 하나님의 계획과 사명과 연관이 있다.

좋은 신앙의 태도를 갖추라

우리에게 사명을 주신 분도 하나님이시고, 그 사명을 감당하게 하시는 분도 하나님이시다. 하나님은 우리를 사용하기를 원하시며, 우리의 신앙생활을 통해 하나님이 우리에게 맡기신 사명이 펼쳐지기를 원하신다.

그것을 위해 하나님은 우리에게 좋은 신앙의 태도를 요구하시는데, 우리가 갖춰야 할 좋은 신앙의 태도에서 가장 중요한 것이 순종이다. 하나님을 향한 순종으로 사명을 이루어가는 것이다.

혼자 믿음 갖고
혼자 은혜받는 자리에서 끝내지 말라.
믿음은 사람을 살리는 힘을 가지고 있다.
당신이 하는 일과 가정과 일상에
사명이 묻어 있다.

조건과 상황을 바라보면 어렵다. 하지만 하나님을 바라보면 어렵지 않다. 조건을 바라보면 불평이 나온다.

'내가 든든한 배경이 있었으면, 부유한 부모를 만났으면, 더 힘 있는 사람을 알았으면….'

남과 비교하여 패배감을 느끼고, 불평하는 것은 어리석은 태도다. 하나님은 우리에게 조건을 보지 말고 하나님을 보라고 하신다. 하나님이 사명을 주셨으니 감당하게 하시는 분도 하나님이심을 믿고 순종하기를 원하신다.

조건과 상황만을 바라보며 불평하는 것은 신앙적인 반응이 아니다. 신앙은 하나님이 나에게 주신 이 현실을 나의 사명으로 받아 하나님 앞에서 충성되게 이끌어가는 것이다.

하나님이 당신에게 사명을 주셨다.
이 사실보다 놀라운 일은 없다.
이것을 기억할 때 아침 안개가 걷히듯
갈 길을 보게 된다.

진정한 문제 해결

사명이 우리 삶을 이끌어 가야 한다.
잘 먹고, 잘 살고, 즐기며, 재미있게 사는 것은
세상 사람들의 목표다.
우리는 하나님이 주신 목표로 살아야 한다.

잘 먹고 잘 살려다 보니까 아이러니하게도 사람들은 늘 부족함을 느낀다. 그래서 그 부족함을 해결하려는 문제 해결에 갈급하다. 요즘 수많은 사람들이 자신의 문제로 힘들어하며, 문제를 해결하고 상처를 치유 받고자 전문가를 찾는다.

TV에 자주 나오는 '대한민국 3대 해결사'가 있다. 자식 문제는 오은영 박사에게, 요리 문제는 백종원 대표에게, 애견 문제는 강형욱 훈련사에게 가져가면 다 해결된다고 한다. 그도 그럴 것이, TV 프로그램을 보면 정말 극한의 상황 속에서 이 세

명이 등장하면 맞춤 솔루션으로 극적인 해결을 보이는 장면이
자주 등장한다.

그러나 영적인 문제는 사람이 해결할 수 없다. 오직 성령께서
해결하셔야 한다. 영적인 일은 세상 방법으로는 해결할 수 없
기 때문이다.

우리는 영의 사람들이다. 영의 사람은 영적인 문제가 해결되
기 전까진 해결이 안 된다. 영이 해결되어야 한다. 영의 문제가
해결되려면 성령의 만지심이 있어야 한다. 영의 문제는 오직 성
령을 통해서만 해결된다. 그리고 영의 사람은 하나님이 부르신
사명으로 살아야 한다. 이것이 영의 문제를 해결하는 가장 핵
심적인 방법이다.

> 그러니 말씀에 시간을 투자하고
> 믿음에 애를 쓰라.
> 언제까지 머뭇머뭇하겠느냐?
> 세상 방법으로 영적인 문제를 해결할 수 없다.

사람이 아니라 하나님이 중심

많은 사람이 여호수아가 모세에게 못 미친다고 여긴다. 모
세에 비하면 여호수아의 사명이 작다고 생각하고, 모세에 비하

면 여호수아의 능력이 부족하다고 생각한다. 하지만 하나님의
약속은 모세보다 여호수아에게 더 강력하게 전해졌다.

여호수아 1:5,6

네 평생에 너를 능히 대적할 자가 없으리니

내가 모세와 함께 있었던 것같이

너와 함께 있을 것임이니라

내가 너를 떠나지 아니하며 버리지 아니하리니

강하고 담대하라

너는 내가 그들의 조상에게 맹세하여

그들에게 주리라 한 땅을

이 백성에게 차지하게 하리라

여호수아는 하나님이 약속하신 땅에 들어가는 자였다. 그것
을 완벽하게 완성하는 자였다. 결코 작은 사람이 아니다. 그에
게 주어진 사명도 결코 작지 않았다.

다른 사람과 비교하지 말라.

비교는 사탄이 하는 일이다.

'모세가 여호수아보다 더 위대하지 않느냐!'

이것은 인본주의적인 생각이다.

하나님의 생각은 그렇지 않다.
더 이상 비교하지 말고,
당신에게 맡겨진 사명을 감당하라.

비교하는 것 자체가 어리석은 일이다. 하나님이 우리에게 주신 사명은 비교의 대상이 아니다. 다만 다를 뿐이다.

여기서 우리가 역으로 한 가지 더 기억해야 할 것이 있다. 하나님이 부르신 어떤 사람도 작지 않고, 어떤 사명도 작지 않지만, 그렇다고 어떤 사람도 크지 않고 대단하지 않다는 것이다. 성경은 위대한 하나님의 스토리이지, 어느 뛰어난 사람의 이야기가 아니다.

포커스는 사람이 아니라 하나님이시다. 그 하나님이 우리를 부르셨다. 그렇기 때문에 중요한 것은 우리가 어떤 준비가 되어 있느냐가 아니라, 누가 우리를 부르셨느냐, 누가 우리를 붙잡고 계시느냐이다.

사람은 다 문제가 있고, 허물이 있다. 하지만 하나님이 그들에게 사명을 주시고, 그들을 세우시며, 그 사명을 감당하게 하신다. 그러니 우리가 할 일은 우리의 부족한 능력을 보는 것이 아니라 하나님을 바라보는 것이다. 하나님께 집중하는 것이다. 하나님이 주신 사명에 집중하는 것이다.

사명에 이끌려 살아야 하는데 사탄은 조건과 상황을 바라보고 불평 불만하게 하고, 사탄이 역사하는 악순환이 일어나 와르르 무너뜨린다. 신앙생활을 잘하는 것 같다가 이 악순환에 빠져 와르르 무너지고, 다시 정신 차리고 사명에 집중하는 것 같다가 또 환경을 보고 불평하여 와르르 무너지는 오락가락한 인생을 살지 말고 사명자로 살아야 한다.

하나님이 우리를 부르셨다. 이 사실을 기억해야 한다. 하나님이 여호수아에게 원하셨던 것은 딱 한 가지였다.

'나만 바라보라. 내가 너와 함께할 것이다. 두려워하지 말고 담대하라.'

우리가 어떤 사람인지, 우리에게 어떤 달란트가 있는지, 우리가 어떤 일을 하고 있는지보다 중요한 것은, 우리를 부르시는 이가 하나님이시란 사실이다!

누가 당신을 붙잡고 계시는가?
누가 당신을 불렀는가?
누가 당신에게 약속해주셨는가?
누가 당신의 주인이 되시는가?
당신에게 새 생명을 주시는 이는 누구인가?

더 이상 흔들리지 말고, 주님을 바라보자. 세상의 전문가에게 해결책을 얻으려고 하지 말고 주님으로 해결하라. 세상 어떤 것도 우리의 영적인 부분을 해결해줄 수 없다. 맛집에 가서 맛있는 것을 먹어도 해결이 안 되고, 좋은 휴양지에 가서 힐링을 해도 해결이 안 된다. 잊지 말라. 영적으로 해결이 안 되면 해결이 안 난다.

다시 한번 집중하라

엘리야가 바알 선지자와 850대 1로 맞붙었다. 그러면서 엘리야가 이스라엘 백성에게 이렇게 외친다.

열왕기상 18:21
엘리야가 모든 백성에게 가까이 나아가 이르되
너희가 어느 때까지 둘 사이에서 머뭇머뭇하려느냐
여호와가 만일 하나님이면 그를 따르고
바알이 만일 하나님이면 그를 따를지니라 하니
백성이 말 한마디도 대답하지 아니하는지라

하지만 이스라엘 백성은 침묵했다. 그 당시 이스라엘 백성들은 악한 왕 아합과 이세벨의 영향으로 바알을 섬기고 있었다. 하지만 바알만 섬긴 것은 아니었다. 하나님도 섬겼다. 오전에는 하나님 앞에 예배하고, 오후에는 바알 신상에 가서 절을 했다. 그런 이스라엘 백성을 향해 엘리야가 외친 것이다.

"너희가 어느 때까지 둘 사이에서 머뭇머뭇하려느냐?"

엘리야의 이 호통이 지금 우리에게도 울려야 한다. 당신은 언제까지 머뭇머뭇하고 있을 것인가? 언제까지 성장하지 않는 신앙인으로 살아갈 것인가? 신앙을 가지고 믿음생활을 시작하는 것은 너무나 귀하고 중요한 일이지만, 여기서 끝나버리면 오히려 슬픈 일이 된다. 아이가 태어났는데 그 아기가 성장하지 않으면 어느 순간 탄생의 기쁨은 다 사라지고 오히려 아픔과 슬픔이 된다.

'이것을 해볼까, 저것을 해볼까? 이렇게 해볼까, 저렇게 해볼까?' 더 이상 갈팡질팡하며 머뭇머뭇하지 말자. 말씀에 시간을 투자하고, 믿음에 애를 쓰자. 하나님이 맡기신 사역을 사명감으로 감당하자. 기도하는 삶을 살아야 한다. 우리는 하나님의 사명을 맡은 사명자다. 그 사명으로 살아내야 한다.

다시 한번 집중하라.
다시 한번 사명을 새롭게 하라.

매뉴얼을 따라 사는 삶

하나님은 능력의 사람을 사용하지 아니하시고 순종의 사람을 사용하신다. 모세는 온전한 순종의 사람으로 서기 전까지 40년을 미디안 광야에서 헤매야 했다. 모세의 힘이 다 빠질 때까지 하나님은 모세를 사용하지 않으셨다. 그러니 우리는 순종의 사람이 되어야 한다. 더 이상 비교하지 말고, 머뭇거리지 말고, 순종의 사람으로 사명을 감당하는 자가 되어야 한다.

우리가 사명을 감당하려면 매뉴얼을 따라야 한다. '순종'이 중요한 이유가 여기 있다.

여호수아 1:7,8

오직 강하고 극히 담대하여

나의 종 모세가 네게 명령한 그 율법을 다 지켜 행하고

우로나 좌로나 치우치지 말라

그리하면 어디로 가든지 형통하리니

이 율법책을 네 입에서 떠나지 말게 하며

주야로 그것을 묵상하여

그 안에 기록된 대로 다 지켜 행하라

그리하면 네 길이 평탄하게 될 것이며 네가 형통하리라

이것이 매뉴얼, 즉 하나님의 말씀을 따라 사는 삶이다. 하나님의 율법책을 우리 입에서 떠나지 말게 하고, 그 말씀을 주야로 묵상하고, 그 안에 기록된 대로 다 지켜 행할 때 우리의 길이

평탄할 것이며 형통할 것이라고 말씀하신다.

　매뉴얼대로 안 하니까 무너진다. 기업도 매뉴얼이 있다. 매뉴얼이 제대로 갖춰져 있지 않으면 위기에 대응할 수 없고, 바른 길을 갈 수 없다. 우리는 자주 사람의 말에 흔들리고 시험에 든다. 그럴 때마다 매뉴얼로 돌아가야 한다. 하나님의 말씀이 흔들리는 우리를 다시 세운다.

　　사명자는 말씀대로 산다.
　　모든 행동이나 사건이나 상황을
　　지독하게 말씀으로 판단하는 것이다.
　　감정을 다스리는 것이다.
　　외로운 감정, 우울한 감정 같은 부정적인 감정도
　　말씀으로 다스리는 것이다.
　　성숙의 열매는 '다스림'이다.

　우리는 다스릴 수 있어야 한다. 영적인 것으로 육을 다스리고, 영으로 감정을 다스려야 한다.

　우리는 영의 사람이다. 영이 매뉴얼대로 해야 다스릴 수 있는데, 매뉴얼대로 행하지 않으니 다른 사람의 말에 흔들리고 거짓에 흔들리는 것이다. 상황 때문에 힘든 게 아니라 믿음이 없어서 힘든 것이다.

평소에 훈련해야 한다

말씀대로 행해야 한다. 그러려면 평소에 말씀을 봐야 한다. 많은 성도들이 "너무 힘드니까 말씀이 눈에 안 들어와요"라고 말한다. 그런데 대체로 그런 성도들의 공통점은 말씀을 읽어본 적이 없다는 것이다. 말씀을 안 보니 말씀이 눈에 들어와본 적이 없다. 상황이 어려우니 더더욱 말씀이 안 들어오는 것은 당연하다. 힘들어서 성경을 펴긴 폈는데, 평소에 안 읽던 성경이 상황까지 어려울 때 눈에 들어올 리가 없는 것이다.

학교에서는 정기적으로 '비상 대피 훈련'이라는 것을 한다. 예를 들어, 지진이 일어나는 상황을 가정하고 책상 밑에 들어가는 연습을 한다. 그러면 아이들은 책상 밑에서 키득키득 웃으며 장난을 친다. 그런데도 왜 매번 그런 훈련을 하는가? 그렇게 계속 훈련해놓으면 진짜로 비상 상황이 벌어졌을 때 훈련한 대로 할 수 있기 때문이다. 평소에 행하는 훈련의 반복이 비상시 사람을 살린다.

기도도 마찬가지다. 평소에 기도해본 적이 없는 사람이 상황이 어렵다고 갑자기 기도가 되는 게 아니다. 평상시에 해야 한다.

어렵고 힘들 때 말씀이 눈에 들어오려면
평소에 말씀을 읽어야 한다.

어렵고 힘들 때 기도로 이기며 나아가려면
평소에 하나님 앞에 기도로 나아가야 한다.

사명을 감당하기 위해선 매뉴얼대로 살아야 하는데, 갑자기 매뉴얼대로 살 수 있는 사람은 없다. 평상시에 해야 한다. 사명은 매일매일 말씀으로 이루어지는 것이다. 그래서 매일매일 하나님의 말씀을 붙잡고 사는 것이 중요하다. 이것이 말씀대로 노력하는 매일의 사투가 중요한 이유다.

이제 우리의 때다

하나님은 모세가 죽었기 때문에 여호수아를 사용하신 것이 아니다. 이제 여호수아의 시간이 된 것이다. 모세가 사라져서 그 자리를 대신하기 위해 여호수아를 쓰신 게 아니라 그때까지는 모세의 시간이었고, 이제는 여호수아의 시간인 것이다.

지금은 당신이 쓰임 받는 시간이다. 지금은 우리의 시간이다. 하나님이 우리를 부르셨다. 하나님이 우리에게 새로운 능력과 새로운 사명을 주시고 교회를 세워가는 사명을 주셨다.

그것은 누구 한 사람에게 주신 것이 아니다. 예수님의 몸 된 교회로 부르신 우리 모두에게 같은 사명으로 주신 것이다. 그 사명을 감당하기 위해선 매뉴얼을 따라가야 한다. 말씀을 봐야 한다. 말씀에 시간을 투자해야 한다.

우리에게 신앙이 중요하다면, 우리에게 믿음 생활이 중요하다면, 적어도 하루에 한 시간은 투자해야 한다. 처음부터 한 시간 투자하는 게 어렵다면 20분부터 시작해보라. 아침에 20분, 점심에 20분, 저녁에 20분. 20분씩 세 번이면 한 시간이지만, 이것이 어렵다면 하루에 한 번, 20분부터 시작해보는 것이다.

사실 이 시대의 많은 이들이 너무 바쁘다. 그렇기 때문에 더욱 시간을 정해서 말씀에 투자해야 한다. 내가 심방을 다녀보니 자녀 교육이나 여러 이유로 텔레비전을 없앤 가정이 많았다. 텔레비전을 보는 시간에 말씀을 보겠다고 없애기도 한다.

그런데 텔레비전만 없애면 뭐하는가? 휴대폰으로 유튜브를 보는데. 그럼 무슨 소용이 있는가? 유튜브로 설교를 듣는 사람들도 많다. 하지만 누구의 설교를 듣는대도 하나님의 말씀을 읽는 것을 대신할 수는 없다.

말씀을 보는 데 시간을 투자해야 한다. 그래야 그 말씀대로 살 수 있고, 매뉴얼대로 살 수 있다.

강하고 담대하라

하나님은 여호수아에게 "강하고 담대하라"라고 말씀하셨다. 사명을 감당하는 것이 어렵다는 뜻이다. 사명이 감당하기 쉬우면 강하고 담대하라고 하시지 않았을 것이다. 그냥 "잘해 봐라"라고 하지 않으셨을까?

그런데 "강하고 담대하라"라고 하신 것은, 사명을 감당하는 것이 그만큼 어렵다는 뜻이다.

그러니 흔들려도 괜찮다.
약해도 괜찮다.
사명을 감당하다가 넘어져도 괜찮다.
나를 붙잡아주시는 분은
나를 부르신 하나님이시다.

성경 속 모든 인물들에게도 다 그런 시간이 있었다. 그들도 사명을 감당하다가 흔들렸고, 헤맸고, 어려웠다. 그러나 그들은 하나님의 말씀을 붙잡으려고 항상 시도했고, 하나님은 그때마다 그들을 붙잡아주셨다. 흔들려도 괜찮다. 약해도 괜찮다. 그렇다고 사명을 감당하지 못하는 게 아니다. 끝까지 하나님의 말씀에서 벗어나지 말고, 하나님의 말씀에 순종하는 것이 중요하다.

그래서 반복과 훈련이 필요하다. 하나님의 말씀을 보고 또 보고, 훈련하고 또 훈련하는 반복과 훈련이 비상시에 우리를 살린다. 평소에 훈련이 되어 있지 않으면 갑자기 닥치게 되는 비상 상황에 난리가 난다. 그래서 평소에 훈련해야 하는 것이다. 평소에 하나님의 말씀을 받는 것이 사명을 감당하는 방법이다.

여호수아가 이스라엘 백성을 다스리는 방법은 하나님의 말씀을 받아 지키게 하는 것이었다. 말씀을 받았고, 그 말씀으로 그들을 인도했다. 말씀으로 매 순간을 대하는 것, 그것이 사명을 감당하는 길이다.

사명은 무겁고 힘든 길이 아니라 하나님을 경험하고 새로운 영적 세계가 펼쳐지는 시간이다. 물론 쉽지 않겠지만, 세상에 쉬운 일이 어디 있는가.

사명의 삶이란 하나님이 특별히 맡기신 거룩한 책무를 받는 것이다. 사명은 그런 것이다. 사명은 우리 모두에게 있다. 하나님이 자신에게 특별히 맡기신 거룩한 책무가 모두에게 있다는 것이다.

그래서 사명이 이끄는 삶을 살아야 하는 것이다. 사도 바울의 사명은 무엇이었나? 복음을 전하는 것이다. 말씀으로 사는 것이었다. 이것은 우리의 사명이기도 하다.

사역 자체가 사명은 아니다. 사명 중에 한 가지 책임일 뿐이다. 우리의 사명은 하나님의 사람답게 사는 것이며, 하나님의 말씀대로 사는 것이다. 사역은 그 가운데서 행해야 하는 한 부분일 뿐이다. 그래서 사명감을 가지고 사역을 감당하는 것이다.

시편 46:10

이르시기를 너희는 가만히 있어
내가 하나님 됨을 알지어다
내가 뭇 나라 중에서 높임을 받으리라
내가 세계 중에서 높임을 받으리라 하시도다

이것이 사명을 감당할 때 우리의 태도여야 한다. 사명은 내가 이루는 것이 아니다. 하나님이 하나님 되심을 알고, 하나님이 나에게 역사하실 것을 믿고, 하나님의 행하실 것을 바라보는 것이다. 내가 먼저 행동하는 것이 아니라 말씀대로, 매뉴얼대로 해야 하는 것이다.

느껴지는 대로, 감정대로 행하면 안 된다.
사람이 어찌 늘 좋기만 하겠나?
감정이나 느낌에 속지 말고
정신을 바짝 차리고
말씀대로 행해야
사명을 감당할 수 있다.

가끔 외국에 나가서 지하철을 탈 일이 있으면 나는 표지판만 믿는다. 난 방향 감각이 좋은 편이지만, 내 느낌을 절대로 믿지 않는다. 표지판에서 이쪽으로 가라고 하면 이쪽으로 가고, 저쪽으로 가라고 하면 저쪽으로 간다.

'어? 저쪽 같은데? 표지판이 잘못 표시한 것 같은데?'

이런 고민은 하지 않는다.

신앙생활을 할 때도 말씀대로, 매뉴얼대로 움직여야 올바른 방향으로 갈 수 있다. 그래야 사고가 나지 않는다. 이것을 꼭 기억하고 내 느낌대로가 아닌 말씀이 말하는 대로 사명이 이끄는 삶을 살기를 바란다.

8 또 그들이 눕기 전에 라합이 지붕에 올라가서 그들에게 이르러 9 말하되 여호와께서 이 땅을 너희에게 주신 줄을 내가 아노라 우리가 너희를 심히 두려워하고 이 땅 주민들이 다 너희 앞에서 간담이 녹나니 10 이는 너희가 애굽에서 나올 때에 여호와께서 너희 앞에서 홍해 물을 마르게 하신 일과 너희가 요단 저쪽에 있는 아모리 사람의 두 왕 시혼과 옥에게 행한 일 곧 그들을 전멸시킨 일을 우리가 들었음이니라 11 우리가 듣자 곧 마음이 녹았고 너희로 말미암아 사람이 정신을 잃었나니 너희의 하나님 여호와는 위로는 하늘에서도 아래로는 땅에서도 하나님이시니라 12 그러므로 이제 청하노니 내가 너희를 선대하였은즉 너희도 내 아버지의 집을 선대하도록 여호와로 내게 맹세하고 내게 증표를 내라 13 그리고 나의 부모와 나의 남녀 형제와 그들에게 속한 모든 사람을 살려주어 우리 목숨을 죽음에서 건져내라 14 그 사람들이 그에게 이르되 네가 우리의 이 일을 누설하지 아니하면 우리의 목숨으로 너희를 대신할 것이요 여호와께서 우리에게 이 땅을 주실 때에는 인자하고 진실하게 너를 대우하리라

chapter 2

작은 고백이 살린다

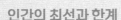

인간의 최선과 한계

요단강을 중심으로 동쪽에는 이스라엘 백성이 진을 치고 있고, 서쪽엔 여리고 성이 있다. 해수면 아래 250여 미터에 자리한 뜨겁고 황량한 골짜기, 여리고 성은 그곳에 있었다. 여리고는 광야의 오아시스 주변에 자리 잡은 도시다. 그래서 여리고 사방은 다 광야다.

그곳은 가나안으로 가는 길목이었다. 이스라엘의 가나안 정복을 향한 첫걸음, 여호수아의 첫 정복의 대상이었다. 여호수아는 여리고 성에 정탐꾼을 보냈다.

하나님께서는 여호수아에게 사명을 주시며 두려워하지 말라고, 하나님이 행하신다고 말씀하셨다. 하지만 그렇다고 여호수아가 아무것도 안 해도 되는 것은 아니었다. 우리에게도 맡은 책임이 있다. 우리는 우리의 최선을 다해야 한다. 우리가 일상에서 최선을 다하는 것은 너무나 중요한 일이다.

하나님께서 우리와 동행하시고 함께해주시지만, 하나님이 우리에게 주신 건강과 지식과 경험을 통해 주어진 자리에서 우리의 최선을 다하는 것은 신앙인으로서 가져야 할 마땅한 자세다.

여호수아와 이스라엘 백성도 그들의 최선을 다하는 자세를 보였는데, 그것이 정탐꾼을 보내는 것이었다.

최선을 다하는 것은
믿음 없는 행위가 아니라
하나님의 사람의 책임을 보여주는 것이다.

여호수아는 가만히 앉아서 여리고 성이 함락되기를 기다리는 것이 아니라 할 수 있는 최선을 다해 준비했다. 정탐꾼 두 명을 선발하여 여리고 성을 살피고 오라고 보냈다.

그러나 인간의 최선은 한계가 있다. 여호수아서 2장을 읽어보면, 이 두 명의 정탐꾼은 여리고 성을 제대로 정탐하지 못하고 라합의 집에만 있다가 온다.

여호수아 2:1
눈의 아들 여호수아가 싯딤에서
두 사람을 정탐꾼으로 보내며 이르되

가서 그 땅과 여리고를 엿보라 하매

그들이 가서 라합이라 하는 기생의 집에 들어가

거기서 유숙하더니

정탐꾼으로 선발되어 갔다는 것은 이스라엘 백성 중에서 나름 뛰어난 자들이었다는 것인데, 그들은 성에 들어가자마자 들켰다. 스파이로는 빵점이다. 일단 그들은 정탐 경험이 전혀 없었다.

오래된 영화 중에 〈덤 앤 더머〉라는 영화가 있는데, 그들이 꼭 그런 모양 아니었을까? 둘을 보냈는데 하나는 바보고 다른 하나는 더 바보다. 정탐꾼으로서는 아예 은사가 없었다.

이렇듯 사람의 최선에는 한계가 있다. 그러나 하나님은 그런 와중에 우리의 실수와 약함 안에서도 일하신다.

인간의 한계를 넘어선 하나님의 일하심

그들은 여리고 성에 들어가자마자 정탐꾼인 것을 들키고 라합의 집에 들어가 숨는다.

왜 라합의 집으로 갔을까? 하나님이 라합과 만나게 해주시려고 보내신 것이지만, 여호수아서 2장을 보면 라합의 집은 도망가기에 좋은 성벽 가까이에 위치했다. 그러니 가장 가깝고

숨기에 편한 곳이기도 했으며, 라합이 그들을 환영하고 보호해 주었기 때문에 그녀의 집으로 간 것이다.

정탐꾼이 들어가자마자 자신들의 정체를 들킨 것은 참으로 애석한 일이다. 하지만 그 실수에 머물러 있으면 안 된다. 실수는 과거의 일로 얼른 수습하고 앞으로 나아가야 한다. 과거에 얽매여 사는 어리석음에서 헤매지 말아야 한다.

사람은 최선을 다해도 안 되는 일이 있다는 것을 인정하고, 우리의 최선을 다했으면 하나님의 일하심을 의지하고 기대해야 한다.

여호수아 2:9-11

말하되 여호와께서 이 땅을

너희에게 주신 줄을 내가 아노라

우리가 너희를 심히 두려워하고 이 땅 주민들이

다 너희 앞에서 간담이 녹나니

이는 너희가 애굽에서 나올 때에

여호와께서 너희 앞에서 홍해 물을 마르게 하신 일과

너희가 요단 저쪽에 있는 아모리 사람의 두 왕

시혼과 옥에게 행한 일

곧 그들을 전멸시킨 일을 우리가 들었음이니라

우리가 듣자 곧 마음이 녹았고

너희로 말미암아 사람이 정신을 잃었나니

너희의 하나님 여호와는 위로는 하늘에서도

아래로는 땅에서도 하나님이시니라

이 같은 고백을 하는 사람이 누구인가? 바로 라합이다. 라합은 훌륭한 인생을 살았던 사람이 아니다. 도시 중심이 아닌 성벽 가까이에 살았다는 것은 어렵게 살았다는 뜻이다. 그 라합이 이렇게 고백하고 있는 것이다.

라합은 하나님에 대해 제대로 듣거나 배웠던 자도 아니었다. 그러나 이런 저런 소식을 통해 하나님에 대한 이야기를 들으며 라합이 마음먹은 것이 하나 있었다.

'하나님이 살아 계시는구나. 하나님이 하나님의 역사를 이루어가시는구나. 나도 하나님의 역사 안에 있고 싶다!'

우리의 삶을 잘 보면, 하나님이 축복하셨는데도 그 축복을 인식하지 못하는 사람이 있고, 반대로 어떻게 저런 상황에서 버티고 있을까 싶을 만큼 힘든 상황에서도 믿음으로 지탱하고 있는 사람이 있다. 누구는 어떤 상황에도 하나님을 원망하고, 누구는 어떤 상황에도 하나님을 찬양한다.

우리는 어떤가? 하나님이 이해되지 않을 때가 있지 않은가? 사실 많다. 그럴 때 어떻게 하는가? 하나님이 이해가 안 될 때 '도저히 이해가 안 돼. 어떻게 이럴 수 있어? 더 이상 하나님을 못 믿겠어' 하는 사람이 있는가 하면 '우리 머리로 하나님을 어떻게 이해하냐? 믿는 거지!'라고 하며 믿음으로 넘어가는 사람이 있다.

정탐꾼이 오기도 전에 라합은 이미 하나님의 일하심을 믿고 있었다. 그럼에도 라합의 입장에선 정탐꾼을 만났을 때 마음이 흔들렸을 수도 있다. 하나님에 대한 소문을 듣고 하나님을 믿기로 결정했지만, 막상 정탐꾼을 만나 보니 소문과 달리 전혀 믿을 만해 보이지 않았다.

'어? 그토록 대단하다던 이스라엘의 정탐꾼인데 왜 이렇게 허술해? 듣던 바와 다른데? 하나님을 정말 믿어도 되나?'

의심이 들 수도 있었다. 하지만 라합은 의심하지 않았다. 다만 하나님께 집중하며, 하나님에 대한 고백을 하기 시작한다.

라합은 훌륭한 삶을 살았던 사람은 아니다.
하지만 하나님의 사랑은
훌륭한 인생을 비추시는 게 아니다.
하나님을 찾는 작은 자의 작은 고백을 들으신다.

라합을 살리신 그 사랑이,
나를 살리셨다.

라합은 단 한 번도 하나님을 향한 온전한 제사와 예배를 드려본 적이 없는 이방인이다. 그런데도 그녀는 들려온 소식만으로 하나님께 마음을 활짝 열어놓았다. 라합은 많은 것을 알지는 못했지만, 그것을 믿었다.

작은 믿음의 고백에서 시작한다

어떤 사람은 상황이나 환경이나 믿을 준비가 전혀 안 된 것 같은데 믿음을 가진 사람이 있고, 또 어떤 사람은 믿음을 가질 충분한 환경적 지원이 있는데도 불구하고 믿음을 못 갖는 사람이 있다. 라합은 전자였다. 인생에서 무엇보다 가장 중요한 것이 믿음의 사람이 되는 것이다.

야고보서 2:25,26

또 이와 같이 기생 라합이 사자들을 접대하여

다른 길로 나가게 할 때에

행함으로 의롭다 하심을 받은 것이 아니냐

영혼 없는 몸이 죽은 것같이

행함이 없는 믿음은 죽은 것이니라

야고보서 기자는 '행함이 있는 믿음'을 말하면서 그 예로 다

른 사람이 아닌 라합을 들었다. 또 '믿음 장'인 히브리서 11장
은 라합의 믿음을 이렇게 표현한다.

히브리서 11:31
믿음으로 기생 라합은 정탐꾼을 평안히 영접하였으므로
순종하지 아니한 자와 함께 멸망하지 아니하였도다

모든 것이 아주 작은 믿음의 고백에서 시작됐다.
"나는 너희의 하나님이 어떤 하나님이신지 들었어. 나는 하
나님을 믿어. 나는 그 하나님 편에 서고 싶어. 이 사람들의 편
에 서지 않을 거야."
그 작은 고백이 멸망하는 여리고 성 가운데서 라합을 살렸다.
사실 정탐꾼은 한 게 하나도 없다. 가서 정탐을 제대로 한
것도 아니고, 그렇다고 전도를 한 것도 아니었다. 첩보 영화에
보면 스파이들이 얼마나 치밀하게 준비를 하는가? 그 나라 언
어는 물론 억양이나 문화까지 다 배워서 간다. 북한 간첩이 우
리나라에 내려올 때 사투리까지 배워 왔다고 한다. 그런데 그
두 명의 정탐꾼은 성에 들어가자 마자 들켰다. 그렇다는 것은
전혀 아무런 준비가 되어 있지 않았다는 뜻이고, 눈으로 딱 보
기에도 '수상한 사람, 정탐꾼' 티가 났다는 것이다.
이것이 무엇을 뜻하는가? 연약한 자들이란 뜻이다. 지금 여

호수아와 이스라엘 백성은 여리고를 이길 수 없는 사람들이다.

그럼에도 지금 여호수아와 이스라엘 백성이 승승장구하는 것은 딱 한 가지 이유 때문이다.

하나님의 약속.

"내가 너와 함께한다. 내가 너와 함께할 것이다."

이 약속 때문에 여호수아는 가나안을 향해 나아갈 수 있었다.

오늘 내게 어떤 능력이 있느냐보다
내가 어떤 사람이냐가 더 중요하다.

이스라엘은 정탐으로 최선을 다했지만, 정탐으로 승부를 건 것은 아니었다. 최선을 다하지만 최선으로 승부를 걸 수는 없다. 믿음으로 승부를 걸어야 한다.

사실 믿음으로 행한다고 해도 우리 뜻대로 안 되는 일이 너무 많다. 솔직히, 거의 다 우리 뜻대로 안 되는 것 같다. 그러나 우리가 믿음으로 이 땅을 살아가는 것이 우리의 생명이고, 우리의 가치다.

나의 계획이 무너질 때 절망의 시간이 시작되는 것이 아니다. 절망은 하나님이 없는 시간이다. 하나님이 함께하시는 한, 실패는 절망이 아니다.

믿음으로 승부를 건다는 것은,

결과가 나의 뜻이 아니어도 받아들이는 것을 의미한다.

그것까지가 믿음이다.

하나님의 관심은 생명에 있다

여호수아 2:23,24

그 두 사람이 돌이켜 산에서 내려와 강을 건너

눈의 아들 여호수아에게 나아가서

그들이 겪은 모든 일을 고하고

또 여호수아에게 이르되

진실로 여호와께서 그 온 땅을 우리 손에 주셨으므로

그 땅의 모든 주민이

우리 앞에서 간담이 녹더이다 하더라

　두 명의 정탐꾼은 여호수아에게 돌아와 이렇게 보고했다. 사실, 이것은 정확한 보고가 아니다. 정탐꾼이 만난 사람은 라합밖에 없었다. 그런데 "그 땅의 모든 주민이 우리 앞에서 간담이 녹더이다"라니, 이것은 추측이다. 이 말만 믿고 여호수아가 여리고 성으로 "돌격, 앞으로" 했다면 그들은 분명 실패하여 다

죽고 말았을 것이다.

사실 그들은 이렇게 보고해야 했다.

"우리가 여리고 성에 들어갔는데, 들어가자마자 들켰습니다. 그래서 겨우 어느 집에 들어갔는데 거기서 한 여인을 만났습니다. 그리고 그 여자의 도움으로 겨우겨우 도망쳐 나왔습니다."

상황이 이런데도 어떻게 이스라엘 백성은 여리고 성을 정복할 수 있었을까? 우리는 여리고 성이 무너졌다는 결과에만 관심을 두지만, 하나님의 관심은 라합에게 있었다. 우리의 관심은 문제 해결에 있지만, 하나님의 관심은 사람을 살리는 데 있다. 우리의 관심은 내 목표가 이루어지는 데 있지만, 하나님의 관심은 상처 많은 한 여인이 살아나기를 바라시는 데 있다.

당시 여리고 성 안에 라합보다 더 정직하고 더 바르게 살았던 사람이 왜 없었겠는가? 하지만 하나님의 관심은 상처 덩어리의 한 여인에게 있었다. 사랑과 욕망 속에 살았지만 진정한 사랑은 한 번도 경험해보지 못한 여인, 하나님을 찾던 그 여인에게 하나님은 주목하셨다.

완전히 가치가 다르다.
하나님은 그렇게 우리를 사랑하셨다.
하나님의 가치는 우리에게 있다.

라합의 작은 소망과 고백이 하나님께 중요했듯이, 내가 무엇을 하는가보다 하나님께 드려지는 나의 고백이 중요하다. 하나님 앞에 드려지는 나의 작은 고백에 하나님은 눈과 귀를 두시며, 마음을 쓰신다.

그 고백이 라합을 살렸다.
그 고백이 우리를 살린다.
그 고백이 교회를 교회답게 한다.
그 고백이 우리를 흔들리지 않게 한다.

믿음은 고백으로 나타난다

요한복음 6:66-69

그때부터 그의 제자 중에서 많은 사람이 떠나가고

다시 그와 함께 다니지 아니하더라

예수께서 열두 제자에게 이르시되

너희도 가려느냐

시몬 베드로가 대답하되

주여 영생의 말씀이 주께 있사오니

우리가 누구에게로 가오리이까

우리가 주는 하나님의 거룩하신 자이신 줄

믿고 알았사옵나이다

요한복음 6장에서 이 말씀이 나오기 전에 어떤 일이 있었는가? 오병이어의 이적이 있었다. 오병이어의 역사가 있고 난 다음에 사람들이 어마어마하게 예수님 앞에 몰렸다. 그때 예수님은 그들을 멀리하시고 그들을 떠나서 기도하러 가신다.

그러자 사람들이 다 떠나갔다. 자신이 원했던 모습의 예수가 아닌 것을 보고 떠나간 것이다. 그때 예수님이 제자들에게 이렇게 물으신다.

"너희도 가려느냐?"

그러자 베드로가 이렇게 대답한다.

"영생의 말씀이 주님께 있습니다. 제가 어딜 가겠습니까?"

베드로는 잘못도, 실수도 많았던 사람이지만, 예수님을 향한 그의 고백이 그를 살게 했다.

우리도 그렇다. 우리는 하나님 앞에 늘 죄를 지으며 살아가지만, 그분을 향한 고백이 우리를 살린다.

당신의 고백은 무엇인가?

주님께 어떤 고백을 하며 살아가고 있는가?

고백이 중요하다.

믿음은 고백이다.

믿음은 고백으로 나타난다.

하나님은 주를 향한 우리의 고백에 주목하신다.

하나님께 사랑의 고백을 드리라.

하나님이 나의 주인이심을 고백하고

주님을 붙잡으며 사는 자들이 되라.

작은 고백을 기도로 받으신다

여호수아는 정탐으로 여리고 성을 무너뜨린 것이 아니다. 실력으로 무너뜨린 것도 아니다. 그냥, 하나님이 무너뜨리신 것이다.

하나님은 살리는 데 모든 눈이 향해 있으시다. 그러니 우리도 살리는 데 우리의 눈이 가 있어야 한다. 무엇보다 중요한 것이 사람을 살리는 것이다.

살리시는 하나님께서는 죄 많은 한 여인을 주목하셨고, 그래서 멸망의 장소였고 심판의 장소였던 여리고 성이 하나님을 찾았던 라합에게는 구원의 장소가 되었다. 이 사실을 기억하자. 다른 사람이 다 안 된다고 우리도 안 되는 것이 아니다. 다 실패한다고 우리도 실패하는 것이 아니다.

하나님은 하나님을 찾는 자들에게 주목하신다. 현실의 상황이 아니라 하나님을 바라보는 자들의 고백에 집중하시는 것이다.

하나님을 믿다가 흔들릴 때가 있다. 절벽 끝에 서기 전까지는 믿는다고 고백하다가도 절벽 끝에 서서 까마득한 아래를 내려다보며 믿음이 흔들릴 때가 많다. 하지만 괜찮다. 하나님은 흔들려도 괜찮다고 말씀하신다. 흔들리는 중에라도 고백하면 된다. 하나님이 우리의 주인이시라고.

"흔들려도 괜찮아.
흔들려도 고백하렴.
내가 너의 주인이라고.
연약해도 괜찮아.
내가 너를 붙잡았단다."

라합의 구원의 모든 과정을 이루신 분도 하나님이시고, 여리고 성을 무너뜨리신 분도 하나님이시다. 모든 것을 다 하나님이 하시지만 1퍼센트, 우리가 해야 할 것이 있다. 그것은 고백이다. 라합의 입술을 통한 믿음의 고백. 그 고백이 있을 때 하나님이 모든 것을 다 이루셨다.

우리의 입술에 하나님을 향한 묵상이 있기를,
그래서 우리의 입술과 우리의 생각 속에
하나님을 향한 고백이 있기를.
그 고백이 우리의 매일매일을 지켜주기를.

당신의 약함을 고백하라.
죄악을 고백하라.
그것이 기도요, 우리의 신앙고백이다.

갈라디아서 2:20
내가 그리스도와 함께 십자가에 못 박혔나니
그런즉 이제는 내가 사는 것이 아니요
오직 내 안에 그리스도께서 사시는 것이라
이제 내가 육체 가운데 사는 것은
나를 사랑하사 나를 위하여 자기 자신을 버리신
하나님의 아들을 믿는 믿음 안에서 사는 것이라

이 말씀이 우리의 고백이 되어야 한다. 우리는 연약하지만, 그럼에도 이제는 우리 안에 계신 예수 그리스도로 살아가는 존재다.
하나님은 단 한 번도 완벽하고 능력 있는 자를 찾으신 적이 없다. 하나님은 우리의 고백을 기뻐하시고, 고백하는 자를 살리신다.

우리가 하나님 앞에 고백을 드리면
하나님은 그것을 우리의 시편으로 받으신다.
자신만의 시편을 쓰라.
매일매일 하나님 앞에 고백하며,
주님을 사랑하고,
주님을 믿으며,
믿음으로 승부를 거는 우리가 되자.

여호수아 3:1-6

1 또 여호수아가 아침에 일찍이 일어나서 그와 모든 이스라엘 자손들과 더불어 싯딤에서 떠나 요단에 이르러 건너가기 전에 거기서 유숙하니라 2 사흘 후에 관리들이 진중으로 두루 다니며 3 백성에게 명령하여 이르되 너희는 레위 사람 제사장들이 너희 하나님 여호와의 언약궤 메는 것을 보거든 너희가 있는 곳을 떠나 그 뒤를 따르라 4 그러나 너희와 그 사이 거리가 이천 규빗쯤 되게 하고 그것에 가까이 하지는 말라 그리하면 너희가 행할 길을 알리니 너희가 이전에 이 길을 지나보지 못하였음이니라 하니라 5 여호수아가 또 백성에게 이르되 너희는 자신을 성결하게 하라 여호와께서 내일 너희 가운데에 기이한 일들을 행하시리라 6 여호수아가 또 제사장들에게 말하여 이르되 언약궤를 메고 백성에 앞서 건너라 하매 곧 언약궤를 메고 백성에 앞서 나아가니라

chapter 3

믿음으로 발을 내디뎌라

하나님이 이끄시는 길

여호수아서 3장에 나오는 하나님이 인도하시는 길은 우리가 한 번도 가보지 못한 일이다. 그러나 하나님은 가보신 길이다. 기적과 역사를 체험하는 길이다.

한 번도 가보지 않은 길
인간은 갈 수도 없는 길
그러나 하나님은 가보신 길.

여호수아와 이스라엘 백성이 요단강을 건넜다. 요단강은 물살은 비교적 빠른 편이지만 평상시에는 30미터 너비에 깊이가 1~3미터 정도로, 사실 평소에는 건너기에 그렇게 어려운 강은 아니다. 그래서 '요단강을 건넜다'라는 게 그렇게 엄청 큰 기적이라고 말할 수는 없을 수도 있다.

하지만 시기가 중요하다. 이때는 곡식을 거두는 시기로 언덕이 넘쳤다고 하는데(수 3:15), 이 무렵 요단강은 봄이 되어 헤르몬 산의 눈이 녹아 범람하는 때다. 요단강이 범람할 때는 물이 불어 굉장히 무섭고 물살이 빠르기 때문에 사람이 건너기가 힘들고 어렵다.

그런 상황에서 이스라엘 백성은 강 가에 진을 치고 삼 일을 기다렸다. 그 시간 동안 이스라엘 백성은 무슨 생각을 했을까? 여호수아서 1장을 보면 하나님께서 삼 일 안에 요단강을 건너갈 것이라고 말씀하신 바 있다(수 1:11 참조). 아마도 이스라엘 백성은 눈앞에 놓인 요단강이 무섭긴 했겠지만, 내심 하나님이 펼쳐주실 기적이 기대되진 않았을까?

그들은 이미 홍해를 건넌 경험이 있다. 그랬기에 요단강이 갈라지고 강을 건넌다는 게 홍해를 건널 때만큼 큰 놀라움과 감동으로 다가오지 않았을 수도 있다. 하지만 중요한 것은 하나님의 인도하심을 받는 사람은 하나님의 기적을 체험하는 삶을 살게 된다는 것이다. 그렇기에 그들은 인생의 고난과 고통 앞에서 절망하지 않고 그것을 '하나님의 역사의 기회'라고 생각한다.

우리 인생 속엔 아픔도 있고 상처도 있고 힘든 일도 있고 어려움도 있다. 홍해가 가로막기도 하고 요단강이 가로막기도 한다. 그럼에도 불구하고 하나님이 인도하시는 길을 따라가는 자들은 그런 장애물이 찾아올 때 절망에 빠지는 대신 하나님이 베푸시는 기적을 체험할 수 있는 기회라고 생각하는 것이다.

무엇을 의지하는가?

우리가 무엇을 의지하며 살아가는지는 굉장히 중요하다. 하나님을 의지하는 사람은 하나님이 베푸시는 기적을 경험하는 삶을 산다.

당신은 정말로 하나님을 믿는가? 하나님이 정말 믿음의 대상이신가? 정말로 하나님의 능력을 믿으며 살아가는가? 우리가 하나님을 진정으로 믿으며 살아가는 것과 그냥 살아가는 것에는 큰 차이가 있다.

고린도전서 1:8,9

주께서 너희를 우리 주 예수 그리스도의 날에

책망할 것이 없는 자로 끝까지 견고하게 하시리라

너희를 불러 그의 아들 예수 그리스도 우리 주와 더불어

교제하게 하시는 하나님은 미쁘시도다

우리는 지금 하나님과의 교제를 통해 날로 더 견고해지고 단단해지는 과정에 있는 것이다. 우리의 삶 속에서 하나님이 운

행하고 계신다. 그 하나님을 의지하라. 내가 가보지 못한 길을 하나님은 가보셨다. 그렇기에 내가 가보지 못했다는 것, 내가 경험해보지 못했다는 것은 중요하지 않다. 하나님이 이미 가보신 길이며, 하나님이 이루신다. 우리는 그것을 믿는 것이다. 그것이 신앙의 핵심이다.

당시 상황을 염두에 두고 이 말씀을 보면, 이해가 잘 안 되는 것들이 있다. 이스라엘 백성은 지금 요단강 앞에 있다. 요단강 건너에는 여리고 성이 있다. 그러면 지금 뭘 해야 하는가? 전쟁 준비를 해야 하지 않는가? 전쟁을 치르기 위해 진 치고 있는 것이 아닌가?

그렇다면 지금 급한 일은 곧 닥칠 전쟁을 잘 치르기 위해 준비하는 것인데, 하나님의 말씀에 전쟁에 대한 말씀은 하나도 없다. 전술적으로 진은 어디에 치고, 어디로 진격하고, 어느 문으로 돌격해야 하는지 같은 내용은 하나도 없다. 오히려 하나님이 뭐라고 말씀하시는가? 전쟁을 앞둔 상황에서 하나님은 언약궤가 먼저 앞서가게 하고 그 뒤를 따를 것과 성결하게 할 것을 명령하셨다.

이 맥락에서 우리가 붙잡아야 할 아주 중요한 메시지가 있다.

언약궤를 따라가라

"여호와의 언약궤 메는 것을 보거든 너희가 있는 곳을 떠나 그 뒤를 따르라."

하나님은 언약궤를 따르되 2천 규빗쯤 뒤에서 따르라고 하셨다. 2천 규빗은 약 900미터로 상당히 먼 거리다. 이 규례 때문에 훗날 유대인들은 안식일에 걸을 수 있는 거리를 900미터로 정했으며, 지금도 보수적인 유대인들은 회당에서 900미터 안쪽에 산다고 한다. 안식일에 회당에 가기 위해 9백 미터 이상 걷는 일을 피하기 위해서다. 어쨌든 2천 규빗 떨어져서 언약궤를 따르게 하신 것은 백성 모두가 언약궤를 보며 따라갈 수 있게 하기 위함이다.

언약궤는 길이가 약 114센티미터, 너비와 높이는 약 68센티미터로 그다지 크지는 않았다. 안과 밖이 모두 순금으로 싸여 있고, 뚜껑도 순금으로 되어 있었다. 그 안에는 모세가 하나님으로부터 받은 십계명이 새겨진 두 돌판이 들어 있었다.

언약궤는 하나님을 상징하는 것이었다. 그래서 언약궤가 먼저 가고, 그 뒤를 따르라는 것은 하나님을 뒤따르라는 명령인 것이다. 이것이 중요하다.

성경의 여러 사건을 보면, 언약궤가 앞서갔을 때, 다시 말해 하나님께서 앞서가시고 그 뒤를 따라갔을 때 영적인 실패를 경험하는 사람이 없다. 모든 영적인 성공은 언약궤가 앞에 있을 때 이뤄진다.

많은 경우 우리는 하나님이 앞에 계시고 우리가 그 뒤를 따르고 있다고 생각하지만, 실제로는 하나님을 우리의 소원을 들어주시는 존재로 여기며 우리가 앞장서서 간다. 이것이 문제다. 하나님의 뜻을 구하고, 하나님의 뜻이 이 땅에 임하는 것을 간절히 바라야 하는데, 하나님의 전지전능하신 능력으로 내 뜻을 이루기를 더 간절히 바란다는 것이다.

우리 인생은 항상 하나님께서 앞에 계시고, 하나님이 인도해주시는 길을 따라 걷는 인생이어야 한다. 그 길은 늘 우리가 한 번도 가보지 않은 길이다. 우리에게 다가올 '내일'이란 시간은 우리가 한 번도 가보지 않은 시간이다. 내일 내가 맞이하는 하루가 익숙한 대로 흘러갈 수도 있지만, 전혀 다르게 전개될 수도 있다. 우리가 가보지 않은 길이기에 우리는 알 수 없다. 그렇기에 우리는 항상 하나님의 뒤를 따라 걸어야 한다. 하나님이 반드시 내 앞에 계셔야 한다.

하나님이 내 앞에 계시고 그 길을 뒤따르는 것이 신앙의 핵심이다. 하나님이 인도해주시는 길을 따라가지 않는 삶은 하나님의 주인 되심을 연습하는 삶이 아니다. 반드시 하나님이 내 앞에 계신 신앙생활을 해야 한다.

한 번도 가보지 않은 길은
하나님이 반드시 내 앞에 계셔야 하는 길이다.
인생은 한 번도 가보지 않은 길에서 진행된다.
나에게 내일은 한 번도 가보지 못한 곳이다.
그러니 하나님이 반드시 내 앞에 계셔야 한다.

성결하게 하라

"너희 자신을 성결하게 하라."

하나님은 언약궤를 뒤따르라고 명령하시며, 또한 성결하게 할 것을 명령하셨다. 하나님께서는 왜 전쟁을 앞두고 성결하게 하라고 명령하셨을까?

하나님의 관심은 우리가 거룩한 것에 있다. 전쟁은 하나님
이 직접 싸우실 테니 우리는 거룩하라는 것이다. 우리는 전쟁이
아니라 하나님의 기적을 바라봐야 한다.

전쟁은 우리에게 속한 것이 아니다.
하나님이 우리에게 성결하라고 하신 것은
거룩하게 구별되어 거룩하신 하나님을
겸손히 붙잡으라는 것이다.

우리도 내 영혼에 관심을 갖고 살아가야 한다. 내 영이 사는
것, 하나님에 대한 내 영의 태도를 분명히 하는 것, 거룩하게 하
는 것, 하나님이 원하시는 것은 바로 이것이다.

여호수아 3:7
여호와께서 여호수아에게 이르시되
내가 오늘부터 시작하여 너를
온 이스라엘의 목전에서 크게 하여
내가 모세와 함께 있었던 것같이
너와 함께 있는 것을 그들이 알게 하리라

하나님은 여호수아에게 다시금 약속하신다. 지금 여호수아 앞에 요단강이 놓였지만, 이 사건을 통해 여호수아의 자리가 탄탄해진다는 것이다. 이 사건을 통해 하나님의 행하심이 나타나고, 하나님이 우리를 통해 일하고 계심을 확신하게 된다는 것이다.

하나님을 따르는 자는 인생의 홍해와 요단강을 절망으로 맞지 않고, 믿음으로 발을 내딛는다. 믿음으로 발을 내디딜 수 있는 가장 핵심적인 이유는, 하나님이 전쟁을 싸워주시기 때문이다. 하나님이 책임져주시기 때문이다. 하나님이 우리 삶 속에 놀라운 기적을 베풀어주시기 때문이다. 그것을 위해 하나님이 요구하시는 것이 '거룩'이다.

나의 부모님은 오래전부터 건강을 위해 식단을 조절하셨는데 염분을 줄이기 위해 간을 거의 하지 않으셨다. 세월이 지나면서 그 맛에 길이 드셨다. 그러자 이제는 조금만 짜도 많이 짜게 느끼신다. 그리고 간을 거의 안 하자 본연의 맛을 더 누리게 되셨다.

성결함은 영적으로 깨끗하여 세상의 것이 조금만 들어와도 그것을 알고 거룩에 머무르며 세상의 것을 내뱉는 것이다.

거룩하다는 것은 세상과 구별된다는 것이고, 구별된다는 것은 눈에 띈다는 것이다. 눈에 띈다는 것은 때로 큰 부담이 된다. 예수 믿는 사람으로, 구별된 인생을 산다는 것은 인생을 어렇게 살겠다고 고백하는 것일 수도 있다. 때로는 무모한 짓일 수도 있다.

그러나 하나님이 그 싸움을 싸워주신다. 인생의 어려움과 힘 듦과 고통과 고난 속에서 우리가 행해야 할 것은 딱 한 가지, 거룩하게 구별되는 것이다.

작은 순종을 크게 사용하신다

여호수아 3:15-17

요단이 곡식 거두는 시기에는 항상 언덕에 넘치더라

궤를 멘 자들이 요단에 이르며

궤를 멘 제사장들의 발이 물 가에 잠기자

곧 위에서부터 흘러내리던 물이 그쳐서

사르단에 가까운 매우 멀리 있는 아담 성읍 변두리에

일어나 한 곳에 쌓이고 아라바의 바다 염해로 향하여

흘러가는 물은 온전히 끊어지매

백성이 여리고 앞으로 바로 건널새

여호와의 언약궤를 멘 제사장들은

요단 가운데 마른 땅에 굳게 섰고

그 모든 백성이 요단을 건너기를 마칠 때까지

앞에서 언급했듯이 이스라엘 백성이 요단강 앞에 섰을 때는 곡식을 거두는 시기로, 언덕이 넘치는 때 즉 물이 범람하는 때였다. 언약궤를 멘 제사장들은 가득 불어난 요단강을 건너기 시작했다.

성경은 "제사장들의 발이 물가에 잠기자"라고 했는데, 사실 제사장들의 발이 물에 잠겼다는 것 자체가 크게 의미 있는 것은 아니다. 제사장들의 발이 물에 잠겼든, 물 밖에 서 있든, 제사장들 스스로의 힘으로 할 수 있는 것은 없었기 때문이다.

하지만 하나님은 항상 우리의 작은 순종을 극대화해서 우리를 하나님의 기적 안에 포함시켜주신다. 우리의 작은 '아멘'을 크게 받으시고, 우리의 작은 결단을 크게 받아주시며 역사해주신다. 이런 하나님의 역사가 우리 삶에 일어나기를 축복한다.

제사장들의 발이 물에 잠기자, 흐르던 강이 그치고 물이 담같이 쌓였다. 그리고 이스라엘 백성들이 강을 건너기 편하도록 땅이 말랐다. 이때 '땅이 말랐다'는 표현이 두 번 나오는데, 흐르던 강이 멈추고 갈라지는 것만으로도 강을 건널 수 있었지만, 더 편히 건널 수 있도록 땅이 마른 것이다. 이것은 강이 갈라지는 것만으로도 놀라운 기적인데 그 안에서도 자신의 백성을 세심하게 살피시는 하나님의 사랑의 표현이다.

'내 자녀야 강을 편히 건너렴. 내가 이렇게 널 사랑한단다. 그러니 너는 요단강을 바라보지 말고 나를 바라보렴. 내가 싸운다. 전쟁은 내게 속한 거야.'

전쟁은 하나님께 속했다

이 상황을 여리고 성 입장에서 바라보자. 그들은 이스라엘 백성이 오리라는 것을 알았다. 강 저편에서 삼 일간 진을 치고 있었기 때문에 곧 강을 건너서 올 것을 알았고, 만반의 준비를 하고 있었을 것이다.

'곧 전쟁이 벌어진다! 성을 지켜라! 무기를 점검하라!'

그런데 눈앞에서 흐르던 강이 멈추고, 갈라졌다. 이런 광경은 지금껏 듣도 보도 못했다. 그때 이미 전쟁은 끝났다.

전쟁을 앞두고 가장 중요한 것은 사기를 북돋는 것이다. 그래서 전쟁 영화나 사극의 전쟁 장면을 보면 전쟁을 앞두고 병사들의 사기를 북돋기 위해 연설을 하거나 구호를 외치지 않는가. 그런데 눈앞에서 세차게 흐르던 요단강이 멈춰 서는 것을 보았으니 무슨 사기가 돋겠는가? 거기서 이미 끝난 것이다.

그러니 이 일로 하나님이 우리에게 말씀하시는 것은 무엇인가? 전쟁은 하나님께 속했다는 것이다. 우리가 싸우는 것이 아니라 하나님이 싸우신다는 것이다.

전쟁은 하나님께 속한 것인데
그 싸움을 자꾸 내가 싸우려니 문제가 생긴다.

우리는 자꾸 내 손으로 수훈을 만들고 결과를 내려고 몸부림친다. 하지만 그것은 우리의 몫이 아니다. 우리의 몫은 하나님의 뒤를 따르며 순종하는 것, 거룩하게 하는 것이다. 우리는 "나의 나 된 것은 다 하나님의 은혜"라고 고백할 수밖에 없는 존재인데, 우리 힘으로 뭔가를 해보려다가는 오히려 다치고 어려움을 겪는다. 우리는 항상 하나님의 뒤를 따라야 한다.

새로운 길로 걸어간다.
믿음의 한 걸음을 내딛는다.
미지의 세계이지만, 하나님이 인도하시는 길이다.
아무것도 보이지 않지만, 기적의 길이다.
하나님이 앞에 계신 길이다.

진정 하나님을 앞에 두고 그 뒤를 따라가는 인생길을 걸어보았는가? 입술로는 주님을 찬양하지만, 당신의 발걸음 앞에 서 계신 분이 정말 하나님이신가?
하나님이 앞에 계셔야 한다. 하나님이 책임지신다. 주님이 당신을 책임지신다. 어려움이 와도 그분이 진짜 책임지신다.

우리는 하나님이 책임지시는 인생을 살아야 한다. 하나님께 맡겨야 한다. 전쟁이 터지면, 문제가 터지면 하나님께 맡겨야 한다. 요단강을 맞서서 하나님의 이끄심에 순종해야 한다.

문제를 만났다면 하나님의 역사를 기대하라

요단강은 우리 인생에서 가끔 등장하는 문제다. 요단강이 우리 인생에 자주 나타나지 않기를 바란다. 그러나 만약 요단강을 만났다면, 기대하라. 우리가 해결할 수 없는 문제를 맞닥뜨렸을 때는 하나님의 행하심과 역사를 기대해야 한다. 하나님의 기적을 맛볼 기회를 잡아야 한다. 그때 믿음이 나타난다.

전쟁은 주께 속한 것이다. 전쟁을 앞둔 이스라엘 백성에게 하나님은 정작 전쟁에 관해서는 한 마디도 언급하지 않으셨다. 그것은 우리에게 속한 문제가 아니기 때문이다. 하나님은 오직 "너희는 성결하게 하라"라고 명령하신다.

여리고 성을 무너뜨리는 데 필요한 것은 하나님 앞에 성결하게 서는 것이다. 하나님은 상황에 관심이 없으시다. 하나님의 관심은 우리에게 있다. 고난에도 뜻이 있음을 믿으라.

로마서 8:28
우리가 알거니와 하나님을 사랑하는 자

곧 그의 뜻대로 부르심을 입은 자들에게는

모든 것이 합력하여 선을 이루느니라

살다 보면 이해할 수 없는 일도 있고, 오해받는 일도 있다. 그러나 하나님을 사랑하는 자들에게는 그 모든 것이 합력하여 선을 이룬다.

이사야 43:2

네가 물 가운데로 지날 때에 내가 너와 함께할 것이라

강을 건널 때에 물이 너를 침몰하지 못할 것이며

네가 불 가운데로 지날 때에 타지도 아니할 것이요

불꽃이 너를 사르지도 못하리니

이 말씀을 믿으라. 하나님이 이끄시는 길, 한 번도 가보지 않은 그 길을 향해 믿음으로 발을 내디더라.

그 길을 걷기 위해 어떤 준비보다 우리 앞에 주님이 계시도록 해야 한다. 주님이 앞에 계시지 않으면, 우리가 주님의 뒤를 따라가지 않으면 어떤 준비로도 그 길을 갈 수 없고, 내 앞에 놓인 요단강을 건널 수 없다.

고린도전서 15:55-57

사망아 너의 승리가 어디 있느냐

사망아 네가 쏘는 것이 어디 있느냐

사망이 쏘는 것은 죄요 죄의 권능은 율법이라

우리 주 예수 그리스도로 말미암아

우리에게 승리를 주시는 하나님께 감사하노니

하나님이 우리에게 승리를 주신다. 하나님께서는 사망이, 인생의 어려움이, 내 앞에 놓인 요단강이 문제가 되지 않는다. 문제 해결에서 가장 중요한 것은 하나님이 앞에 계시는 것이다. 하나님을 따라가는 것이다. 하나님의 말씀을 따르는 것이다.

약속의 땅에 이르는 새 길로 가라

가나안은 약속의 땅이다. 여호수아와 이스라엘 백성은 지금 약속의 땅으로 가는 길에 서 있다. 약속의 땅으로 가기 위해서는 반드시 가보지 못했던 새 길로 가야 한다. 익숙한 길이 아닌 믿음의 길로 가야 한다. 하나님께서 요구하시는 길이 따로 있다.

그 길은 나에게만 새 길이다.

하나님께는 새 길이 아니다.

그 길은 나에게는 도전이다.

하나님께는 도전이 아니다.

그렇기 때문에 하나님을 앞에 두고 그분을 따라가야 한다. 하나님께 사로잡히라. 하나님의 손에 사로잡히라. 하나님의 능력에 사로잡히라.

요단강이 멈춰지는 역사가 있을 줄 믿는다. 전쟁은 하나님이 싸워주시는 것임을 경험하기 바란다. 거룩하라. 주님 앞에 예배자로 예배를 드리라. 세상의 헛된 것에 흔들리지 말고, 쓸데없는 일에 시간과 에너지를 쓰지 말고 하나님께 우리의 모든 에너지를 쓰라.

신앙생활을 오래 해왔는데도 성결하지 못하고 구별된 삶을 살지 못하면 하나님이 원하시는 삶을 살 수 없다. 하나님 앞에 구별된 삶을 살라. 그리고 하나님이 대신 싸워주시는 것을 기대하라. 하나님이 해결하시는 것을 기대하라. 하나님의 역사를 기대하라.

내 힘으로 해결해보려고 에너지를 쓰지 마라. 우리의 에너지는 오직 성결하게 하는 데 쓰라. 하나님 앞에 거룩한 삶을 사는 데 우리의 에너지를 쓰자.

당신은 거룩을 얼마나 갈망하는가? 얼마나 갈급해하는가?

우리는 요단강이 갈라지고 문제가 해결되는 것에 모든 관심을 기울이고 있지만, 그것은 우리의 영역이 아니다. 그것은 하나님의 영역이다. 전쟁은 하나님이 싸우시는 것이다.

하나님이 우리에게 요구하시는 거룩은 화려하지도 않고, 쉽지도 않다. 그것은 상당한 기도와 애를 써야 이루어지는 것이다. 기적과 행하심은 하나님이 하시는 일이니, 그저 믿음을 가지라. 믿음을 가지고 거룩한 삶의 길로 걸어가는 것, 그것이 하나님이 우리에게 원하시는 것이다.

믿음. 성결. 거룩.

이것은 단 한 번의 기도로 이루어지는 것이 아니라 결단해야 하는 것이다. 하나님의 말씀을 붙잡고 살아야 하는 것이다. 쉽지 않은 길이다. 그래서 믿음이 필요하다.

성령으로 충만하기를 구하라. 하나님의 생기가 내 안에 넘치기를 구하라. 그래서 세상에서 하나님을 믿는 자로 구별되게 해달라고 구하라. 이것이 믿음으로 발을 내딛는 것이다.

베드로전서 2:9

그러나 너희는 택하신 족속이요 왕 같은 제사장들이요

거룩한 나라요 그의 소유가 된 백성이니

이는 너희를 어두운 데서 불러내어

그의 기이한 빛에 들어가게 하신 이의

아름다운 덕을 선포하게 하려 하심이라

　제사장들이 언약궤를 메고 요단강에 발을 내디뎠을 때 강이 멈췄던 것처럼, 믿음으로 하나님의 말씀을 따르는 그 길에 우리의 발을 내디딜 때 하나님의 행하심과 역사가 나타날 것이다. 문제 앞에서 하나님께 구체적으로 아뢰었다면, 이제 믿으라. 믿음으로 걸으라. 스스로 해결하려고 하지 말고 하나님께 맡기라.

　전쟁을 앞둔 이스라엘 백성을 향해 전쟁에 대한 준비는 전혀 시키지 않으신 채 "너는 구별되어 있느냐? 너는 거룩하냐? 너는 누구를 섬기느냐"를 물으셨던 하나님의 질문이 지금 우리를 향해서도 울리고 있다. 하나님은 온갖 문제를 가지고 하나님께 나아가는 우리를 향해 이렇게 물으신다.

　"너는 성결한 삶을 살고 있느냐?"

　전쟁을 싸워주시는 하나님을 경험하라. 행하시고 해결하시는 하나님의 역사를 기대하라. 그 믿음으로 발을 내디뎌라. 믿음을 경험하는 하루하루를 살라.

1 그 모든 백성이 요단을 건너가기를 마치매 여호와께서 여호수아에게 말씀하여 이르시되 2 백성의 각 지파에 한 사람씩 열두 사람을 택하고 3 그들에게 명령하여 이르기를 요단 가운데 제사장들의 발이 굳게 선 그 곳에서 돌 열둘을 택하여 그것을 가져다가 오늘밤 너희가 유숙할 그 곳에 두게 하라 하시니라 4 여호수아가 이스라엘 자손 중에서 각 지파에 한 사람씩 준비한 그 열두 사람을 불러 5 그들에게 이르되 요단 가운데로 들어가 너희 하나님 여호와의 궤 앞으로 가서 이스라엘 자손들의 지파 수대로 각기 돌 한 개씩 가져다가 어깨에 메라 6 이것이 너희 중에 표징이 되리라 후일에 너희의 자손들이 물어 이르되 이 돌들은 무슨 뜻이냐 하거든 7 그들에게 이르기를 요단 물이 여호와의 언약궤 앞에서 끊어졌나니 곧 언약궤가 요단을 건널 때에 요단 물이 끊어졌으므로 이 돌들이 이스라엘 자손에게 영원히 기념이 되리라 하라 하니라 8 이스라엘 자손들이 여호수아가 명령한 대로 행하되 여호와께서 여호수아에게 이르신 대로 이스라엘 자손들의 지파의 수를 따라 요단 가운데에서 돌 열둘을 택하여 자기들이 유숙할 곳으로 가져다가 거기에 두었더라 9 여호수아가 또 요단 가운데 곧 언약궤를 멘 제사장들의 발이 선 곳에 돌 열둘을 세웠더니 오늘까지 거기에 있더라 10 또 여호와께서 여호수아에게 명령하사 백성에게 말하게 하신 일 곧 모세가 여호수아에게 명령한 일이 다 마치기까지 궤를 멘 제사장들이 요단 가운데에 서 있고 백성은 속히 건넜으며

chapter 4

기억하고 기념하라

통제할 수 없어서 불행한 인생?

독일의 심리학자인 폴커 키츠와 마누엘 투쉬가 쓴 《마음의
법칙》이란 책이 있다. 책에서 저자는 인생의 만족도는 '통제 확
신'이 얼마나 강한지에 따른다고 했다.

'통제 확신'이란 내 인생에서 일어나는 일은 내가 통제할 수
있다는 확신을 말한다. 그러니까 나에게 일어나는 일은 내가
조종할 수 있다는 확신이다. 심리학적인 용어로 '자기 효능감'
이라고 한다. '자기 효능감'에 따라 행복이 따라온다는 것이다.

그런데 살다 보면 내 삶에 벌어지는 일들을 스스로 통제할
수 없을 때가 많다. 내 뜻과 다른 일들이 너무 많이 일어나고,
내 생각과 다르게 펼쳐지는 상황이 너무 많다. 그러다 보니 사
람들이 대체로 행복하질 않다.

그래서 여전히 서점에 가보면 행복이나 불행, 아픔이나 상처
를 다룬 상담 심리 중심의 책들이 많은 것이다. 이런 책들은 참

고는 할 수 있지만, 진리는 될 수 없다.

그런데 기독교는 자기 효능감이나 자기 통제를 강조하지 않는다. 기독교는 하나님을 강조한다. 하나님의 함께하심, 하나님의 역사, 하나님의 손, 하나님의 일하심을 강조하는 것이다. 우리가 통제할 수 있는 상황만 펼쳐지면 살면서 무슨 걱정이 있겠는가? 하지만 우리 인생은 그렇게 흘러가지 않는다.

통제할 수 없어도 괜찮다.
하나님의 함께하심만 있다면.

우리가 통제할 수 없어도 괜찮다. 우리는 하나님이 아니지 않은가? 그렇기에 통제할 수 없고, 내 앞에 펼쳐진 상황을 이해할 수 없는 것이다. 우리가 하나님이 아니기에 하나님이 필요한 것이다.

본문인 여호수아서 4장을 보면 아주 중요한 일이 벌어진다. 이는 여호수아서 전체에서 매우 중요한 부분이다.

모든 것은 지나가지만, 그중에 기억할 것

앞 장에서 여호수아와 이스라엘 백성은 요단강을 건너갔다. 요단강을 건너기 쉽지 않은 계절이었고, 물살이 매우 강했던 상황에서 제사장들의 발이 그 요단강에 잠기자 요단강의 흐름이 멈추고 벽을 세우며 갈라졌다. 그리고 그들은 요단강을 지나갔다.

유대인에게 구전되는 이야기 중에 이런 이야기가 있다. 다윗이 왕이 되고 전쟁마다 승리하며 이스라엘을 성공적으로 다스리고 있을 때, 보석 세공사를 불러서 반지를 하나 만들어오라고 지시를 내렸다.

"내가 항상 지니고 다닐 반지를 하나 만들어오라. 그 반지에 글귀를 새기되, 내가 전쟁에서 승리하거나 위대한 일을 이루었을 때 그 글귀를 보고 우쭐해하지 않고 겸손해질 수 있어야 하며, 또한 견디기 힘든 절망에 빠졌을 때 용기를 줄 수 있는 글귀여야 한다."

그 반지에 새겨진 글귀가 "이 또한 지나가리라"라고 한다.

모든 것은 지나간다.
좋은 일도 지나가고,
나쁜 일도 지나간다.
영광도 지나가고,
고통도 지나간다.

그런데 그렇게 흘러보내야 할 것도 있지만, 꼭 기억해야 할

것도 있다. 그래서 하나님은 이스라엘 백성이 요단강을 건넌
후에 이렇게 명령하셨다.

여호수아 4:5-7

그들에게 이르되 요단 가운데로 들어가

너희 하나님 여호와의 궤 앞으로 가서

이스라엘 자손들의 지파 수대로

각기 돌 한 개씩 가져다가 어깨에 메라

이것이 너희 중에 표징이 되리라

후일에 너희의 자손들이 물어 이르되

이 돌들은 무슨 뜻이냐 하거든 그들에게 이르기를

요단 물이 여호와의 언약궤 앞에서 끊어졌나니

곧 언약궤가 요단을 건널 때에 요단 물이 끊어졌으므로

이 돌들이 이스라엘 자손에게 영원히 기념이 되리라

하라 하니라

"이 돌들은 무슨 뜻이냐 하거든"이라는 구절을 기억하라.

지금 이스라엘 백성은 요단강을 건넜다. 그런 후에 거기다가
열두 돌을 세워 하나님이 요단강을 건너게 하셨다는 증표가 되
게 하라는 것이다. 그리고 자녀들이, 다음세대가, 하나님의 임
재를 알지 못하는 자들이, 통제되지 않는 인생 속에서 아파하

고 힘들어하는 많은 자들이 "이 돌들이 뭐냐?"라고 물을 때 그 돌들에 대해 말하라는 것이다.

하나님은 우리의 삶 속에 하나님의 행하심이 나타나기를 원하신다. 그리고 우리가 하나님의 그 일하심을 기억하기를 원하신다. 우리의 입술을 통해 하나님의 나타나심이 고백되길 원하신다.

앞 장에서 살펴보았듯이, 고백은 매우 중요하다. 하나님은 하나님의 백성들이 하나님의 일하심을 기억하고 기념하는 걸 원하신다.

하나님의 기념비가 되는 삶을 살라

지난 삶을 돌아보라. 우리 인생의 줄기줄기마다 하나님의 역사와 하나님의 임재가 있었던 기념비 같은 일들이 있을 것이다. 하나님의 그 일하심과 역사를 기억하고 잊지 말라.

또한 우리 개인이 그러한 하나님의 일하심을 기념하고 고백하는 것도 중요하지만, 무엇보다 우리 한 사람 한 사람이 하나님의 기념비가 되어야 한다. 우리 자신이 하나님의 돌로 세워져야 한다. 요단강을 지나온 이스라엘 백성들이 하나님을 기념하여 세운 돌처럼, 우리의 인생이 하나님의 역사와 하나님의 임재를 나타내는 기념비가 되어야 하는 것이다.

"하나님, 나의 삶이 기념비가 되게 하시고
나의 삶이 하나님이 사용하시는 역사가 되게 하소서.
나의 삶이 하나님이 임재하셨다는 사인이 되게 하시고
하나님의 역사가 나타나는 증거가 되는
인생이 되게 하소서."

이 기도가 우리의 기도가 되기를 바란다. 그래서 우리는 항상 똑바로 살아야 한다. 대충 살면 안 된다. 하나님을 모르는 사람들에게조차 '저 사람의 삶을 보니 하나님이 살아 계시는구나'라는 걸 보여줄 수 있는 기념비가 되는 인생을 살아야 하기 때문이다.

김구 선생이 인생의 철학으로 여겼던 시가 있다.

눈 덮인 들판을 걸어갈 때는
모름지기 함부로 어지럽게 걷지 마라
오늘 내가 걸어간 발자국이
반드시 뒷사람의 이정표가 되리라
_서산대사

신앙인의 삶은 예수 그리스도를 향한 이정표가 되어야 한다. 우리의 삶이 방향을 가리키는 나침반이 되어야 하고, 우리 삶의 방향이 예수를 향해야 한다.

사람들이 방향을 잡지 못하고 자기 통제가 안 되어 우왕좌왕하며 실수를 저지르고 아픔을 겪을 때, 누구도 희망이 없고 모두가 절망할 때, 그때 우리를 보고 예수를 바라볼 수 있어야 한다. 우리의 삶을 보며 하나님의 역사를 볼 수 있어야 한다. 우리의 말과 생각과 발걸음 속에 예수님이 보여야 한다. 한 번 사는 인생인데, 부끄러운 삶을 살아서야 되겠는가!

원하든 원치 않든 우리의 삶은 평가된다. 사람 앞에서, 하나님 앞에서 평가될 것이다. 사람의 평가도 중요하지만 절대적이지는 않다. 더 중요한 것은 하나님 앞에서 평가될 것이란 사실이다. 이 사실을 기억하면 더더욱 함부로 살 수 없다.

방향을 잡아라.
마음을 잡아라.
우리는 그저 그렇게
아무렇게나 살면 안 된다.

외국에 나가서 나를 믿지 않고 이정표를 보고 따라간다. 나는 한 번도 그 이정표를 의심하거나 내 생각이 더 옳다고 생각한 적이 없다. 그것이 방향을 찾는 길이다.

우리의 인생은 누군가의 나침반이 되고, 이정표가 된다. 우리

의 삶은 함부로 걸어갈 수 없는 길이다. 그 길을 따라 누군가
가 반드시 걸어올 것이기 때문이다.

절망 가운데 어떻게 반응하는지, 상처 속에서 어떻게 반응
하는지, 아픔과 실패 속에서 어떻게 반응하는지, 또 성공 속에
서 어떻게 반응하며 살아가는지가 전부 다 이정표가 되는 것이
다. 그래서 우리의 판단과 결단이 중요하다. 나의 언어와 생각
과 삶이 중요하다. 신앙생활은 이 같은 사실을 기억하고 하나
님께 올인하는 것이다.

하나님이 원하시는 신앙생활은 하나님을 섬기고 하나님의
교회를 섬기는 것이다. 그 섬김은 서로를 섬김에서 나온다. 그
리고 그 섬김이 누군가의 이정표로 남는다.

간증을 남기는 신앙생활을 하라

하나님이 길이다.
우리는 그 길 위에 서 있다.
이정표를 남기고 기념비를 세우라.
남길 만한 신앙생활을 하라.

직장에서, 가정에서, 교회에서 하나님의 기념비적인 삶을 살아

가라. 남겨야 한다. 하나님의 역사를 남기라. 간증을 남기라.

"저는 아직 간증이 없어요."

이것은 겸손한 고백이 아니라 부끄러운 고백이다. 신앙생활을 오래 하고도 간증이 없는 것은 그냥 넘어갈 일이 아니다. 기념비가 없는 신앙생활을 하면 안 된다.

시편 20:5,6

우리가 너의 승리로 말미암아 개가를 부르며

우리 하나님의 이름으로 우리의 깃발을 세우리니

여호와께서 네 모든 기도를 이루어 주시기를 원하노라

여호와께서 자기에게 기름 부음 받은 자를

구원하시는 줄 이제 내가 아노니

그의 오른손의 구원하는 힘으로

그의 거룩한 하늘에서 그에게 응답하시리로다

하나님의 구원하심을 믿고, 그 하나님께 승부를 거는 것이 신앙생활이다. 우리의 승리로 노래를 부르며, 하나님의 이름으로 깃발을 세우는 것이 신앙생활이다. 하나님의 노래가 되고 기념비가 되라. 나만의 신앙생활로 끝내는 것이 아니라, 하나님의 기념비로 하나님의 일하심이 분명하게 선포되는 신앙생활을 하기를 바란다.

시편 119:49,50
주의 종에게 하신 말씀을 기억하소서
주께서 내게 소망을 가지게 하셨나이다
이 말씀은 나의 고난 중의 위로라
주의 말씀이 나를 살리셨기 때문이니이다

그렇게 살기 위해 주의 말씀을 기억하라는 것이다. 다른 것을 기억하지 말고 주의 말씀을 기억하라. 그 말씀이 우리를 살리셨음을 고백하라. 하나님이 나를 어떻게 살리셨는지를 고백하고 기념하라.

간증을 달라고 기도하라.
나에게도 살아 계신 하나님의 역사가
이루어지게 하시고,
선포되고 고백되게 해달라고 간구하라.

이스라엘 백성이 요단강을 건넜을 때에는 돌을 세웠지만, 이제 그 돌 기념비 대신 우리가 세워지는 것이다. 우리가 교회로 세워지는 것이다.

당신이, 기념비다!

고통이 의미가 있다고 하는데, 고통이 고통으로 끝나는 사람도 많다. 고난이 모든 사람에게 성숙의 기회로 다가오는 것은 아니다. 어떤 사람에게는 고난과 고통이 쓴뿌리가 되고, 절망이 된다. 고난이 다 성숙으로 열매 맺는 것은 아니다. 하나님의 은혜가 있어야 한다.

마찬가지로 성공도 성공으로 끝나면 안 된다. 성공은 하나님을 찬양하는 열매가 되어야 하는데, 성공이 교만이 되고 걸림돌이 되는 사람이 많다. 그래서 우리는 하나님의 은혜를 의지하고, 하나님의 기념비가 되는 삶을 살아야 하는 것이다. 하나님의 증거가 되는 삶을 살아야 하는 것이다. 그러려면 하나님의 은혜가 있어야 한다.

독일에 갈 때마다 그곳에서 광부와 간호사로 일하셨던 분들을 만나게 된다. 1960년대에 우리나라의 많은 광부와 간호사들이 독일로 가서 일했고, 그들의 헌신이 한국 경제에 큰 도움이 되었다. 이제 세월이 많이 흘러 그때 독일에 가셨던 분들이 칠십 대이시다.

독일에서 그 분들과 함께 예배드리다 보면 이민 2세, 3세와 함께 예배드리는 일도 많다. 그 분들의 삶에서 타국에서 힘 없는 나라의 국민으로 고되게 일해야 했던 그 시절은 아픔이다. 하지만 그 시간 속에서 하나님이 역사해주시고 은혜 주셨기에 모든 아픔을 믿음으로 이겨내고 자녀들을 훌륭하게 키워낼 수 있었다. 하나님께서 지난 세월의 아픔을 회복시켜주시는 은혜를 맛보게 하셨다.

그 분들이 아픔 속에서 하루하루 절망만 하며 시간을 보냈다면 이 은혜는 경험하지 못했을 것이다. 눈물이 많이 흐르는 상황 속에서도 매일, 매주일 하나님의 은혜를 붙잡고 하나님의 발자취가 되는 삶을 살았기에 지금의 기쁨을 누릴 수 있게 된 것이다.

모든 시간 속에서 하나님을 붙잡자. 우리의 모든 걸음이 하나님의 기념비가 되기를 바라고 기도하며 하나님을 드러내는 삶을 살자.

"나는 이정표다. 나의 일상은 하나님을 보여주는 장이다."

이 놀라운 거룩의 부담으로 살아가는 우리가 되기를 바란다. 그래서 이것이 우리의 기쁨이 되고, 우리 삶을 이끌어가는 강력한 동기가 되길 바란다. 이 동기가 이끌 때 고통이 고통으로 끝나지 않고, 성공이 성공으로 끝나지 않는, 하나님을 보여주는 삶을 살아갈 수 있게 되길 바란다.

당신이 보낸 모든 시간이
하나님을 드러내기를
당신의 모든 걸음이

하나님을 보여주는 기념비가 되기를

당신이, 기념비다.

사랑을 낭비하는 자들이 되라

여호수아 4:10,11

또 여호와께서 여호수아에게 명령하사

백성에게 말하게 하신 일

곧 모세가 여호수아에게 명령한 일이 다 마치기까지

궤를 멘 제사장들이 요단 가운데에 서 있고

백성은 속히 건넜으며

모든 백성이 건너기를 마친 후에

여호와의 궤와 제사장들이

백성의 목전에서 건넜으며

요단강을 건널 때 궤를 멘 제사장들이 가장 먼저 들어갔다. 그리고 그들은 백성이 다 건널 때까지 요단 가운데에 서 있다가 백성이 다 나온 후에야 나왔다. 가장 먼저 들어갔다가 가장 늦게 나온 것이다. 이것이 주의 종들이 해야 할 일이다.

목회자들뿐만 아니라 우리 모두가 다 하나님의 종이자 사명자다. 사명자의 할 일은 가장 먼저 들어갔다가 가장 나중에 나오는 것이다.

선장은 배와 함께 죽는다고 하지 않는가? 이것을 한마디로 정의하면 '섬김'이다. 가장 먼저 들어가서 가장 늦게 나오는 자는 한마디로 '섬기는 자'다. 우리는 이 섬김으로 하나님의 사랑과 하나님의 일들을 드러내고 감당하는 자들이 되어야 한다.

교회는 섬기는 곳, 아낌없이 사랑하는 곳, 하나님의 사랑을 낭비하는 곳이다. 예수님이 우리에게 보여주신 사랑의 표본은 처절한 낭비셨다. 하나님의 아들이 인간을 위해 죽으셨다? 이것은 그야말로 낭비다. 이 낭비된 사랑이 우리를 살리신 것이다.

그러니 우리도 하나님께 받은 그 사랑을 낭비하는 자들이 되자. 나를 위한 인생이 아닌 누군가를 살리는 인생이 되자. 하나님의 기념비로 산다는 것은 살리는 인생을 산다는 뜻이다. 제사장들이 가장 먼저 들어가서 가장 늦게 나왔던 것처럼, 우리도 그렇게 이웃을, 세상을 섬기는 자들이 되기 바란다.

세상은 거꾸로 가르친다. 가장 늦게 들어가서 가장 먼저 나오라고 한다. 모두가 다 섬김을 받으려고만 한다. 하지만 우리 신앙인들은, 예수님을 믿는 자들은 그렇게 살면 안 된다. 섬기는 자들이 되어야 한다.

하나님이 열두 돌 대신 우리를 세웠다는, 이 사명적인 선포에 인생을 걸라.

함부로 살지 말고,

함부로 걷지 말고,

함부로 말하지 말고,

전적으로 사랑하고 섬기며

살리는 인생을 살라.

이것이 하나님의 기념비로 다음세대에 이정표가 되는 삶이다.

PART 2

순종으로, 정복

2 그때에 여호와께서 여호수아에게 이르시되 너는 부싯돌로 칼을 만들어 이스라엘 자손들에게 다시 할례를 행하라 하시매 3 여호수아가 부싯돌로 칼을 만들어 할례 산에서 이스라엘 자손들에게 할례를 행하니라 4 여호수아가 할례를 시행한 까닭은 이것이니 애굽에서 나온 모든 백성 중 남자 곧 모든 군사는 애굽에서 나온 후 광야 길에서 죽었는데 5 그 나온 백성은 다 할례를 받았으나 다만 애굽에서 나온 후 광야 길에서 난 자는 할례를 받지 못하였음이라 6 이스라엘 자손들이 여호와의 음성을 청종하지 아니하므로 여호와께서 그들에게 대하여 맹세하사 그들의 조상들에게 맹세하여 우리에게 주리라고 하신 땅 곧 젖과 꿀이 흐르는 땅을 그들이 보지 못하게 하리라 하시매 애굽에서 나온 족속 곧 군사들이 다 멸절하기까지 사십 년 동안을 광야에서 헤매었더니 7 그들의 대를 잇게 하신 이 자손에게 여호수아가 할례를 행하였으니 길에서는 그들에게 할례를 행하지 못하였으므로 할례 없는 자가 되었음이었더라 8 또 그 모든 백성에게 할례 행하기를 마치매 백성이 진중 각 처소에 머물며 낫기를 기다릴 때에 9 여호와께서 여호수아에게 이르시되 내가 오늘 애굽의 수치를 너희에게서 떠나가게 하였다 하셨으므로 그곳 이름을 오늘까지 길갈이라 하느니라

chapter 5

우선할 일을 먼저 하라

먼저 할 일과 우선할 일

인생을 똑바로 살기 위해서는 반드시 먼저 할 일과 우선 할 일을 해야 한다. 그래야 개인도 잘되고 기업도 잘된다. 그래서 기업에는 이것만 연구하는 부서들도 있다. '우리 기업이 올해 무엇을 생산하고, 무엇을 연구해야 하는지' 우선적으로 집중할 것을 연구하는 것이다.

먼저 해야 할 일.
우선해야 할 일.

우리 인생에도 꼭 해야 할 일이 있고, 해도 되고 안 해도 되는 일이 있으며, 하면 안 되는 일이 있다. 우선할 일이 있고 나중에 해도 되는 일이 있다. 꼭 해야 할 일을 안 하거나 안 해야 할 일을 하면 망하는 것이다. 우선해야 할 일을 후에 하는 것은 어리석다. 순서가 틀리면 시간을 낭비하게 되며 어리석은 결과를 초래하고 만다.

영적 생활도 똑같다. 영적인 생활에서 가장 중요한 질문 중 하나가 하나님이 허락하신 일과 하나님이 허락하신 때에 관한 질문이다.

"하나님이 허락하신 것이 무엇인가? 하나님이 허락하신 시기는 언제인가? 하나님이 허락하신 장소는 어디인가?"

이런 질문들이 중요하다. 가나안 입성을 앞둔 이스라엘 백성에게도 우선해야 할 일과 먼저 해야 할 일이 있었다.

승리가 손에 잡힐 때 하나님이 원하신 것

2002년 월드컵에서 우리나라가 4강까지 올라갔었다. 지금 생각해도 어떻게 4강까지 올라갈 수 있었는지 놀라울 뿐이다. 그때의 응원의 열기와 분위기가 한껏 고조되어 사기가 올랐기에 이기기 어려운 나라들을 이기고 4강까지 오를 수 있었던 것이다. 그만큼 사기와 분위기가 중요하다.

지금 이스라엘 백성의 사기도 매우 충천했다. 하나님이 거센 요단강의 물살을 멈추시고 벽을 세워 이스라엘 백성을 건너게 하셨고, 강을 건넌 이스라엘 백성은 기념비를 세웠다. 그리고 적들은 그 모습을 보았고, 그 소문을 들었다.

이 순간 전쟁은 하나 마나 누구와 붙어도 이스라엘이 이겼을 것이다. 사기가 가장 올랐을 때고, 적군은 가장 두려움에 떨고 있을 때였다.

여호수아 5:1
요단 서쪽의 아모리 사람의 모든 왕들과
해변의 가나안 사람의 모든 왕들이
여호와께서 요단 물을 이스라엘 자손들 앞에서 말리시고
우리를 건너게 하셨음을 듣고 마음이 녹았고
이스라엘 자손들 때문에 정신을 잃었더라

이스라엘의 소문을 들은 적들이 '두려워한다' 정도가 아니었다. 마음이 녹았고 정신을 잃었다고 했다. 엄청난 충격과 정신적 타격을 입어서 전의를 완전히 상실한 상태였다고 볼 수 있다.

그런데 전쟁을 앞두고 하나님이 명령하신 것은 너무나도 의외의 일이었다. 전쟁을 하기만 하면 그냥 이겼을 때에 하나님은 전쟁을 원하지 않으셨다.

전쟁은 하나님께 속한 것이다. 이스라엘 백성의 사기가 아무리 높았어도 하나님이 허락지 않으시면 승리할 수 없는 게 전쟁이다. 작은 사명이 없듯이, 쉬운 전쟁도 없다. 내 힘을 의지하여 승리의 잔을 들면, 죽는다.

여호수아 5:2,3

그때에 여호와께서 여호수아에게 이르시되
너는 부싯돌로 칼을 만들어 이스라엘 자손들에게
다시 할례를 행하라 하시매
여호수아가 부싯돌로 칼을 만들어
할례 산에서 이스라엘 자손들에게 할례를 행하니라

하나님이 이스라엘 백성에게 무엇을 행하라고 하셨는가? 할례다. 하나님은 할례를 행하라고 하셨다. 할례는 하나님의 백성이라는 표징이다.

그런데 상식적으로 지금은 도저히 할례를 행할 때가 아니다. 할례를 받은 남성은 적어도 일주일간은 잘 움직일 수가 없다. 창세기에 보면 야곱의 딸인 디나가 세겜에게 겁탈을 당했을 때, 야곱의 아들들은 세겜에게 디나를 아내로 주기로 하고 성읍의 모든 남자들에게 할례를 받게 했다. 그러고는 두 명이 들어가서 성읍의 모든 남자들을 죽였다. 그 정도로 할례를 받은 직후에 남자들은 아무것도 할 수 없는 무방비 상태가 된다.

그런데 하나님은 전쟁을 앞둔 이스라엘 백성에게 할례를 행하라고 하신다. 인간적인 생각으로는 절대로 이해할 수 없는 명령이었다.

믿음은,

곧 하나님을 믿는다는 것은

나의 상식, 나의 경험, 나의 지식을 뛰어넘는 것이다.

나의 경험에 갇혀 있다면,

그것은 하나님을 믿는 게 아니다.

우리가 어떤 결정을 내리거나 무슨 일을 할 때 하나님이 원하시는 것이 무엇인지를 붙잡는 것이 믿음이다. 그것이 우리가 우선적으로 해야 할 일인 것이다.

라이트하우스 해운대교회를 개척하고 거의 2년 동안 예배드릴 장소가 없어서 돌아다니며 예배하는 광야 생활을 해야 했다. 그렇게 예배드리는 것은 물론 힘들다. 하지만 어리석은 일은 아니다. 믿음의 길이기 때문이다. 찾아가기 힘든 장소로 찾아가는 것, 갈망하는 마음으로 이리저리 헤매면서도 모이는 것, 그 자체가 하나님 앞에서 드려지는 예배다. 내 힘이 아닌 하나님을 의지하는 길이다.

하나님이 전쟁을 앞둔 지금 이스라엘 백성에게 할례를 명하신 것은, 그들에게 전쟁하지 말라고 하신 것이다. 누가 봐도 승리할 수 있을 것 같은 때에 너희 자신의 힘을 의지하지 말라는 것이다.

"지금 전쟁하지 마. 너희들은 너희 힘으로 살지 마."

잊혀진 하나님과의 언약

그들에겐 가나안에 들어가는 것보다 급한 일이 있었다. 바로 하나님과의 관계를 회복하는 것이었다.

여호수아 5:5

그 나온 백성은 다 할례를 받았으나

다만 애굽에서 나온 후 광야 길에서 난 자는

할례를 받지 못하였음이라

이 말씀에 따르면 애굽에서 종노릇하면서까지도 할례를 행했지만 애굽을 나오면서부터는 할례를 받은 자가 없었다. 광야에서의 세월이 40년이다. 지금이 거의 막바지 시기이니 광야 생활 38년 혹은 39년 차쯤 되었을 것이다. 그런데 그동안 할례를 받은 자가 없었다.

이것이 얼마나 엄청난 일인지 알려면 이스라엘 백성에게 할례가 얼마나 중요한 것이었는지를 먼저 살펴봐야 한다. 창세기 17장을 보라.

창세기 17:9-11

하나님이 또 아브라함에게 이르시되

그런즉 너는 내 언약을 지키고 네 후손도 대대로 지키라

너희 중 남자는 다 할례를 받으라

이것이 나와 너희와 너희 후손 사이에 지킬 내 언약이니라

너희는 포피를 베어라

이것이 나와 너희 사이의 언약의 표징이니라

반복되는 표현이 무엇인가? 할례가 '하나님과 언약의 표징'
이란 것이다. 우리가 하나님의 자녀라는 표징인 것이다. 하나
님과의 약속이었다.

광야에서의 시간이 어땠는가? 홍해를 건너는 것으로 시작하
여 하나님은 구름기둥과 불기둥으로 그들을 인도하셨고, 만나
를 주셨으며, 곳곳에서 기적이 일어났다. 그런데도 이스라엘 백
성은 그동안 할례를 행하고 있지 않았다. 하나님이 그렇게 많
은 은혜와 인도하심을 베푸셨는데도 그들은 하나님과의 약속
을 잊었다.

죄는 짓다 보면 쉬워진다. 예배 빠지는 것도 한 번 빠지기 시
작하면 두 번 빠지는 것은 쉽다. 목숨같이 예배를 지키는 사람
에게는 있을 수 없는 일이 한 번 두 번 빠지기 시작한 사람에게
는 크게 대수로운 일이 아니다. 그러다 보면 와르르 무너져버
린다.

존 길(John Gill)이란 신학자는 이 부분을 이렇게 주석했다.
"수시로 움직여야 하는 처지였다. 매우 불편했고 길 위에서

계속 움직여야 했기 때문에 할례를 베풀기 쉽지 않았을 것이다."

이것을 묵상하다가 소스라치게 놀랐다. 광야에서 할례를 행하지 않은 이유가 '내가 불편하다'는 것 하나였기 때문이다. 이것 말고는 다른 이유가 없었다. 힘들고 불편하다는 이유로 나와 하나님과의 언약이 잊혀지는 상황이었다.

내가 한 번 더 소스라치게 놀란 것은 이스라엘 백성이 그렇게 하나님과의 언약을 잊고 할례를 행하지 않고 있는데도 하나님께서는 자신을 업신여기는 이스라엘 백성에게 매일 구름기둥과 불기둥으로 인도하시고, 만나와 메추라기를 주시며 가나안에다 와서까지 참으셨다는 것이다.

이스라엘 백성은 여전한 하나님의 인도하심과 은혜를 누리면서도 하나님과의 언약을 잊고, 하나님께 드려야 하는 헌신을 잊었다. 자신이 해야 할 일은 하지 않으면서 하나님의 인도하심과 만나를 너무나 당연하게 여겼다.

너무나 당연하게 하나님께 기도 응답을 요구하고, 은혜 베풀어주시기를 바라면서, 하나님께서 우리에게 요구하시는 모습은 무엇인지 전혀 생각하지 않는 우리의 모습과 이 모습이 너무나 닮지 않았는가?

우리는 죄를 지으면서도 여전히 당연하게 하나님이 베푸시는 은혜와 인도하심을 구한다. 그런 우리에게 가장 시급하고 우선해야 할 일은 하나님과의 관계 회복이다.

한번 무너지기 시작하면 계속 무너진다

가데스 바네아에서 가나안으로 열두 명의 정탐꾼을 보냈다. 그중 열 명의 정탐꾼은 도저히 가나안 정복을 할 수 없겠다고 했고, 두 명의 정탐꾼만 가나안은 하나님이 약속하신 땅이니 가면 우리가 반드시 이긴다고 보고했다. 그때 이스라엘 백성들은 열 명의 정탐꾼의 의견에 동조했다. 얼마나 강력하게 동조했냐면 두 명의 정탐꾼을 돌로 쳐 죽이려고 했다.

그때부터 그들은 무너지기 시작했다. 하나님께 종교적인 제사는 드렸지만, 하나님과의 관계가 무너지기 시작했다. 그 결과 광야에서 태어난 어린아이들과 두 명의 정탐꾼, 즉 여호수아와 갈렙을 제외하고는 가나안에 들어가지 못하고 40년을 광야에서 방황하다가 광야에서 죽게 되었다.

교회 안에서 벌어지는 일이라고 다 영적인 일이 아니고, 세상에서 벌어지는 일이라고 다 세상적인 일이 아니다. 교회 안에서도 세상적인 일을 하면 세상적인 것이다. 우리 한 사람 한 사람이 다 교회인데, 하나님과의 관계가 깨지면 다 깨지는 것이다. 그 와중에도 하나님은 역사하고 계셨는데, 그들은 하나님 앞에 드려야 하는 일에 대해서는 망각하고 있었다.

민수기 14:32-34

너희의 시체는 이 광야에 엎드러질 것이요

너희의 자녀들은 너희 반역한 죄를 지고

너희의 시체가 광야에서 소멸되기까지

사십 년을 광야에서 방황하는 자가 되리라

너희는 그 땅을 정탐한 날 수인

사십 일의 하루를 일 년으로 쳐서

그 사십 년간 너희의 죄악을 담당할지니

너희는 그제서야 내가 싫어하면

어떻게 되는지를 알리라 하셨다 하라

지도상으로 애굽에서 가나안에 이르는 길은 40년이나 걸릴 길이 아니었다. 그런데 40년이나 광야에서 길을 헤매야 했던 이유는, 하나님과의 관계를 업신여겼던 그들의 태도 때문이었다.

먼저 할 일이 있다. 꼭 해야 할 일이 있다. 그것은 하나님과의 관계 회복이며, 하나님과의 관계를 절대적으로 붙잡는 것이다. 광야에 있더라도 하나님과의 관계가 온전하면 성공한 것이며, 가나안에 들어갔더라도 하나님과의 관계가 깨어지면 그것은 실패다.

그렇기 때문에 하나님은 지금, 가나안에 들어가기 직전 전쟁을 앞둔 상황에서 할례를 명하신 것이다. 전쟁보다 중요한 것이 하나님과의 관계 회복이었기 때문이다.

'자, 이제 가나안이 눈앞에 있어. 너희는 지금 너희 힘으로 누구든 다 이길 수 있을 것 같지? 그런데 지금 너희가 해야 할 일은 나와의 관계 회복이야. 너희가 나의 자녀란 것을 증명해야해. 내게 순종해야 해.'

그래서 그들은 할례를 행했다.

이는 회복을 위한 명령이었다. 하나님이 언약을 주시고 규례를 주신 것은 우리에게 복을 주시기 위함이었다. 그런데 어느 순간부터 하나님의 언약이 축복이 아니라 의무로 다가오기 시작했다. 그렇게 의무가 되어버리면 더 이상 사랑이 아니다. 오늘날 우리가 드리는 예배도 의무가 되어버리면 더 이상 하나님께 올려지는 예배가 아니다. 이건 최악이다.

이런 상황에서 돌이켜야 한다. 회복해야 한다. 하나님과의 관계를 회복하고, 예배를 회복해야 한다.

전쟁보다,
성공보다,
회복이 중요하다.
하나님과의 관계 회복이
가장 중요하다.

하나님은 회복을 원하셨다. 그러니 할례를 행하라고 하신 것 아닌가? 하나님이 말씀하지 않으셨다면 이스라엘 백성이 스스로 돌이켜 하나님과의 언약을 기억하고 할례를 행할 리 만무했기 때문에 하나님이 참고 기다리시다가 말씀하신 것이다. 언약의 성취인 가나안에 이런 모습으로 들어가서는 안 되었기 때문에 드디어 명령하신 것이다.

적군의 칼날보다 하나님을 두려워하라

전쟁의 측면에서 이 일은 매우 위험한 일이었다. 가나안 사람들이 아무리 이스라엘 백성을 두려워하고 있더라도 그들도 전쟁에 대비하며 정탐을 하고 있을 것 아닌가? 이스라엘 백성의 움직임을 주시하고 있을 텐데, 금세 뭔가 이상하다는 걸 눈치채지 않겠는가? 그러다 쳐들어오면 끝장이다.

그런데도 하나님께서 요구하시는 것은 무엇인가?

'지금까지 온 것도 나의 능력으로 온 것이다. 가나안에 들어가는 것도 내가 허락해야 한다. 그러니 눈에 보이는 전쟁보다 중요한 것은 너희가 무너뜨린 나와의 관계를 다시 세우는 것이다.'

문제 해결이 우선이 아니다. 사업이 문제가 아니다. 내 앞에 닥친 문제는 두려워하면서 하나님과의 관계가 깨어지는 것은 두려워하지 않는다면, 우리는 믿음의 사람이 아닌 것이다.

적군의 칼날보다
하나님의 진노를 두려워하라.

하나님과의 관계를 붙잡으라. 하나님이 책임져주신다. 전쟁은 하나님께 속해 있다. 우리에게 중요한 것은 그런 게 아니다. 하나님께 기도하지 않고 '이건 어떻게 할까? 저건 어떻게 할까?' 혼자 궁리하고 계획을 세우는 것은 하나님을 신뢰하지 못하는 것이다.

문제에 맞닥뜨렸을 때 우리는 백지가 되어야 한다. 백지 상태로 기도하라. 예배에 총력을 다하라. 하나님이 우리에게 원하시는 것은 우리가 전적으로 하나님을 신뢰하는 것이다.

수치를 거두시고 변화를 허락하신다

여호수아 5:9
여호와께서 여호수아에게 이르시되
내가 오늘 애굽의 수치를 너희에게서 떠나가게 하였다
하셨으므로 그곳 이름을 오늘까지 길갈이라 하느니라

할례를 행한 이스라엘 백성에게 하나님은 "오늘 애굽의 수치를 너희에게서 떠나가게 하였다"라고 말씀하셨다. 여기 '애굽의 수치'에 대해서는 크게 두 가지 해석이 있다. 가장 많은 이들이 주장하는 해석은, 이것이 애굽에서 종노릇 하던 시절을 가리킨다는 것이다. 두 번째 해석은 이것이 광야의 40년을 의미한다는 것이다. 왜냐하면 그 길이 40년이나 걸릴 길이 아니었고, 그렇게 40년이나 광야에서 헤매야 했던 것은 하나님을 믿지 못하고 불순종했던 그들의 죄악 때문인데, 그것이 수치라는 것이다.

나는 두 번째 의견에 더 동의가 된다. 애굽에서 종노릇 한 것은 그렇게 수치스러운 일은 아니다. 하지만 하나님의 인도하심을 눈으로 보면서도 하나님을 섬기지 못한 것은 수치다.

지금까지 살아온 우리 인생의 굽이 굽이에 하나님의 역사가 있었고, 하나님의 은혜가 있었음에도 불구하고 아직도 하나님이 나의 주인 되시는 삶을 살지 못하는 것은 수치스러운 것이다. 수치를 수치로 알아야 한다. 그래야 고칠 수 있다.

애굽의 종노릇 하던 자에서 하나님의 자녀로,
세상의 종노릇 하던 자에서 하나님의 자녀로.

우리의 신분과 태도와 삶이 바뀌어야 한다. 하나님을 믿는 자답게, 하나님의 자녀답게 살아야 한다. 그 관계 회복 역시 하나님이 주도하고 계신다. 끝까지 긍휼하신 하나님을 붙잡으라.

로마서 6:10,11

그가 죽으심은 죄에 대하여 단번에 죽으심이요
그가 살아 계심은 하나님께 대하여 살아 계심이니
이와 같이 너희도 너희 자신을 죄에 대하여는 죽은 자요
그리스도 예수 안에서 하나님께 대하여는
살아 있는 자로 여길지어다

우리는 살아 있는 자답게 살아가야 한다. 하나님과의 관계가 무너지는 순간 우리는 종교인이 되는 것이다. 살아 계신 하나님과의 관계 안에서 종교인이 아닌 예배하는 예배자로 살아가야 한다.

교회 안에서 행해지는 어떤 것보다 예배가 중요하다. 성도 간의 교제도 매우 중요하지만 예배보다 중요할 수는 없고, 많은 사역들이 중요하지만 예배보다 중요하진 않다.

할례 받은 자로 살라

이스라엘 백성에겐 지금 가나안에 들어가는 것이 성공처럼 보이지만, 할례 받고 무방비 상태에서 목숨 내놓고 하나님만 의지할 수밖에 없는 하나님과의 관계 회복이 하나님께는 더 중요하셨다.

골로새서 2:10,11

너희도 그 안에서 충만하여졌으니

그는 모든 통치자와 권세의 머리시라

또 그 안에서 너희가 손으로 하지 아니한 할례를 받았으니

곧 육의 몸을 벗는 것이요 그리스도의 할례니라

이것이 우리의 할례다. 옛 육의 몸을 벗어버리고 새 피조물이
되는 것이다.

하나님의 명령에 순종하여 할례를 행한 이스라엘 백성이 놀
라운 일을 한다. 그 자리에서 유월절을 지킨 것이다. 할례를 행
한 불편한 자리에서 예배가 다시 회복됐다. 유월절을 행사로
지나가는 절기로 지킨 것이 아니라 하나님께 전심으로 드려지
는 예배로 올린다. 그 예배에 얼마나 큰 감격이 있었겠는가?

그들에겐 신체적인 아픔이 있었겠지만, 그 아픔 속에서 지금
까지 무너져 있었던 하나님과의 관계를 떠올리며 회개함으로
하나님을 예배했을 것이다. 전쟁을 앞두고 부흥회를 한 것이다.

우리가 은혜를 받으면, 세상의 걱정을 떨친다. 내 앞에 놓인
상황은 똑같은데 걱정이 안 된다. 은혜가 없으면 거꾸로다. 걱
정할 일이 아닌데도 걱정을 한다.

하나님과의 관계가 흔들리면 다 흔들린다. 아무것도 안 된
다. 하나님의 율법을 소중히 여겼던 이스라엘 백성에게 할례는

매우 중요한 부분이었다. 하지만 한 번 무너지기 시작하니까 38년이나 계속 무너져 있었다. 하나님은 그런 우리의 옛 육체를 제거하시고, 하나님의 자녀로 다시금 일컬음을 받게 하셨다.

하나님과의 관계 회복 없이는 가나안이 의미가 없다. 이것이 중요하다.

승리는 주님께 달려 있다

여호수아 5:14

그가 이르되 아니라 나는 여호와의 군대 대장으로

지금 왔느니라 하는지라

여호수아가 얼굴을 땅에 대고 엎드려 절하고 그에게 이르되

내 주여 종에게 무슨 말씀을 하려 하시나이까

지금 무슨 상황인가 하면, 사람들이 아직 고통 중에 신음하며 누워 있는데, 그런 중에 유월절 예배를 드렸다. 그런데 여호수아가 보니 저쪽에 장군이 한 명 서 있는데, 사람 같지 않았다. 가서 보니 하나님의 천사였다. 그는 이렇게 말했다.

"나는 여호와의 군대 대장이다."

이 상황 속에서 하나님이 말씀하시는 게 무엇인가? 전쟁은

하나님께 속해 있다는 것이다. 우리 인생의 크고 작은 전쟁이
다 하나님께 속해 있다는 것이다.

하나님이 우리에게 원하시는 모습은
할례 받은 자로 사는 것이다.

내가 무엇을 해야 하고, 내가 무엇을 이뤄야 하는 것이 아니
라 하나님을 주인으로 섬기는 것을 원하신다. 내 인생에서 벌
어지는 모든 일들을 하나님이 이끌고 계심을 느끼며 살아가는
것, 하나님의 행하심을 전폭적으로 신뢰하는 것, 하나님의 임재
를 믿는 것이 지금 우리가 해야 할 일이다.

문제 앞에 섰는가? 조금만 더 해보면 문제가 해결될 것 같은
가? 더욱더 노력해서 그 문제를 해결하려고 하지 말고, 완전히
무장 해제하고 백지에서 기도해야 한다. 하나님의 긍휼을 구하
고 하나님의 주인 되심을 신뢰하라. 덜덜덜 떨며 기도하는 것
이 아니라 군대 대장이신 하나님을 신뢰하면서 기도해야 한다.

일들이 잘되어가고 있을 때, 사기충천할 때, 승리가 눈앞에
보이는 것 같을 때일수록 더 조심하라. 그때야말로 죄 짓기 쉬
운 때다. 그럴 때일수록 더욱 하나님과의 관계를 점검하라. 무
장 해제해야 한다. 무기력한 상태에서 하나님을 의지하라.

지금 비록 할례 받아 완전한 무방비 상태로 앓아누운 이스

라엘 백성이었지만, 그들은 절대로 지지 않는다. 왜냐하면 여호와의 군대 대장이 와 있기 때문이다. 하나님과의 관계가 제대로 잡혀 있다면 우리는 염려할 것이 없다.

결단하라. 언제까지 방황할 것인가? 사람이 하는 대부분의 일은 십 년쯤 하면 어느 정도 나아진다. 실력이 좋아지고, 익숙해지고, 전문가가 된다.

그런데 신앙생활만 거꾸로다. 내가 제일 싫어하는 말이 이런 것이다. 초신자가 은혜 받고 열심히 신앙생활 하고 있는데, 예수 믿은 지 한 십 년 된 사람이 옆에서 "저 때가 좋은 때다. 우리도 저랬지"라고 하는 것 말이다. 이러면 안 된다. 처음 믿었을 때보다 믿음의 실력이 나아져야 한다. 신앙의 구력이 붙어야 한다. 믿음의 경험이 쌓이고, 간증이 있어야 한다. 능력이 나타나는 신앙생활을 해야 한다.

하나님과의 관계를 회복함으로 이런 신앙생활을 하기를 바란다. 하나님 앞에서 먼저 해야 할 일, 우선해야 할 일을 붙잡고 살아가는 우리 모두가 되기를 축복한다.

여호수아 6:1-7

1 이스라엘 자손들로 말미암아 여리고는 굳게 닫혔고 출입하는 자가 없더라 2 여호와께서 여호수아에게 이르시되 보라 내가 여리고와 그 왕과 용사들을 네 손에 넘겨 주었으니 3 너희 모든 군사는 그 성을 둘러 성 주위를 매일 한 번씩 돌되 엿새 동안을 그리하라 4 제사장 일곱은 일곱 양각 나팔을 잡고 언약궤 앞에서 나아갈 것이요 일곱째 날에는 그 성을 일곱 번 돌며 그 제사장들은 나팔을 불 것이며 5 제사장들이 양각 나팔을 길게 불어 그 나팔 소리가 너희에게 들릴 때에는 백성은 다 큰 소리로 외쳐 부를 것이라 그리하면 그 성벽이 무너져 내리리니 백성은 각기 앞으로 올라갈지니라 하시매 6 눈의 아들 여호수아가 제사장들을 불러 그들에게 이르되 너희는 언약궤를 메고 제사장 일곱은 양각 나팔 일곱을 잡고 여호와의 궤 앞에서 나아가라 하고 7 또 백성에게 이르되 나아가서 그 성을 돌되 무장한 자들이 여호와의 궤 앞에서 나아갈지니라 하니라

chapter 6

순종이 이긴다

눈앞에서 놓쳐버린 비행기

최근에 서울에서 집회를 마치고 부산으로 가는데, 그날은 아침 첫 비행기를 예약했다. 아침부터 부지런히 지하철을 타고 김포공항으로 향했는데, 예상보다 훨씬 많은 사람들이 아침 비행기를 타기 위해 기다리고 있었다. 시간이 촉박해서 발을 동동거리며 수속을 다 마치고 게이트로 뛰어가 보니 비행기가 떠나고 있었다.

너무 속상했다. 비행기는 그렇게 놓치면 다음 비행기를 기다렸다가 탈 수 있는 게 아니라 티켓팅부터 다시 하고 나가서 수속도 처음부터 다시 해야 한다. 어쩔 수 없이 두 시간 후에 다른 비행기를 예약했는데, 속상하고 정신 없는 아침을 보내며 이런 생각을 했다.

'우리 성도들 천국 가는 방주는 놓치지 않게 해야겠다.'

주일마다 열심히 예배드렸는데, 정작 천국 가는 방주가 내

눈앞에서 떠나가버리면 어떻게 하나? 제대로 신앙생활 하지 않고 주일날 잠깐 교회에 눈도장만 찍다가 천국 가는 방주를 놓치는 일이 없도록 우리가 다 하나님 앞에 온전하게 서게 되기를 바라고 축복한다.

이스라엘 백성이 가나안 입구에 도달했다. 가나안 입구에는 가나안으로 들어가기 위해서 꼭 점령해야 하는 성이 있었다. 매우 크고 강한 성, 바로 여리고 성이었다.

이스라엘 백성은 사기가 충만했지만, 전쟁 경험이 없는 군사들이었다. 사기 충만한데 경험 없는 사람들이 제일 위험하다. 자기 느낌만 믿고 사고를 치기 일쑤이기 때문이다.

지금 이스라엘 백성은 할례를 행하고 유월절 예배를 드린 후에 가슴이 뜨거워져 있는 상태였다. 그래서 "싸우자! 이기자!" 하고 있는데, 하나님께서는 결정적인 순간에 할례를 행하게 하셨던 것처럼 본문에서 더 기이한 일을 행하게 하신다.

돌격이 아니라 성벽을 돌라니!

하나님은 엿새 동안 모든 군사가 성을 둘러 성 주위를 한 번씩 돌다가 일곱째 되는 날에는 일곱 번을 돌고 제사장들은 나팔을 불고 백성들은 큰소리로 외치라고 하셨다.

사실 이 내용은 우리가 많이 들어서 너무 잘 알고 있는 것이

라 그렇게 이상하게 느껴지지 않지만, 생각해보면 얼마나 기이
한 일인지 모른다.

너희 모든 군사는 그 성을 둘러

성 주위를 매일 한 번씩 돌되 엿새 동안을 그리하라

제사장 일곱은 일곱 양각 나팔을 잡고 언약궤 앞에서 나아갈 것이요

일곱째 날에는 그 성을 일곱 번 돌며

그 제사장들은 나팔을 불 것이며

제사장들이 양각 나팔을 길게 불어

그 나팔 소리가 너희에게 들릴 때에는

백성은 다 큰 소리로 외쳐 부를 것이라

그리하면 그 성벽이 무너져 내리리니

백성은 각기 앞으로 올라갈지니라 하시매

눈의 아들 여호수아가 제사장들을 불러 그들에게 이르되

너희는 언약궤를 메고 제사장 일곱은 양각 나팔 일곱을 잡고

여호와의 궤 앞에서 나아가라 하고

또 백성에게 이르되 나아가서 그 성을 돌되

무장한 자들이 여호와의 궤 앞에서 나아갈지니라 하니라

이것은 너무 어리석어 보이는 일이다. 성벽을 도는 일은 전쟁

과 아무런 상관이 없는 일이다. 공격은 하지 않고 그냥 빙빙 돈다. 전쟁을 하려면 작전을 짜고 전략을 세워야 하는데, 성벽을 도는 게 무슨 작전이고 전략이 된단 말인가? 적군의 눈에도 이 모습이 얼마나 이상하고 우습게 보였겠나?

예전에 이순신 장군에 관한 다큐멘터리를 봤는데, 이순신 장군이 일본군을 이길 수 있었던 비결이 전략에 있었다고 한다. 보통 전쟁을 한다고 하면, 그 군사들을 이끄는 장군이 얼마나 뛰어난 지략으로 전쟁을 이끄느냐에 따라 승패가 갈라지는데, 여리고 성을 함락시켜야 하는 본문의 이스라엘 백성에게는 전략도 없고 비밀 병기도 없었다. 오직 하나님의 말씀만 있었다.

그 하나님의 말씀은 우리가 생각할 때 도저히 이해가 안 된다. 이해가 안 될 정도가 아니라 어리석어 보인다. 그런데 하나님을 믿는 우리는 어리석어 보이는 이 말씀을 잘 붙잡아야 한다.

이런 기이한 명령을 하시는 와중에도 하나님은 언약궤를 중심으로 행하라고 하셨다. 언약궤를 중심에 두고 앞에는 군사들이 있고 뒤에는 백성들이 따르라는 것이다.

세상의 기준으로는 하나님 중심으로 산다는 것이 미련해 보일 때가 많고, 그분을 향한 순종과 헌신이 말도 안 되는 비합리적인 행동으로 보일 때가 많다.

하나님을 믿어도 그냥 편하게 신앙생활 하면 되지, 맨날 선교하러 나가고 전도하러 나가고 하나님이 원하시는 삶을 살기 위해 몸부림치는 것이 때로는 참 어리석게 느껴진다.

하나님은 그런 순종을 원하신다.
어리석어 보이는,
무모해 보이는,
기이한 순종.

편안한 길이 아닌 이해할 수 없는 길,
그 길이 순종이다.

신앙생활을 하다 보면 때때로 '진짜 이렇게까지 해야 하나? 더 이상 못하겠다. 내가 무슨 영광을 위해서 이런 욕을 먹어야 하나?' 싶을 때가 있다. 그런데 하나님은 그럴 때도 순종을 원하신다. 사람들의 기준에 따라 판단하고 행동하는 것이 아니라 하나님의 명령에 그대로 순종하는 것이다.

영어 단어 'Fit in'(~와 어울리다, 맞다)은 미국 청소년들에게 매우 중요한 단어인데, 사회나 학교에서 일원이 되기 위하여 그들과 맞추어 받아들여지는 것을 의미한다. 우리나라도 그렇지만 미국의 청소년들도 자신이 속한 그룹에서 혼자 돌출되거나 왕따가 되는 것을 굉장히 두려워한다. 그래서 그룹에 받아들여지기 위해 그들과 맞추려고(Fit in) 애를 쓴다.

하지만 우리는 세상에 'Fit in' 하면 안 된다. 세상에서 세상 사람들이 생각하는 대로, 세상의 기준으로 살아가면 안 된다. 이런 모습은 믿음이 아니다.

하나님께 순종하는 사람은 세상의 기준으로 살지 않는다. 세상 사람들이 어리석다고 비웃고 핍박해도 세상 기준에 맞추지 않고 하나님의 말씀을 따른다.

어리석음을 두려워하지 말라.

똑똑하게 살려다가 세상에 빠진다.

세상에 빠지면 하나님과 멀어진다.

의심이 생길 때도 순종

이스라엘 백성들은 하나님의 명령대로 여리고 성을 돌았다. 전쟁은 하지 않고 성만 빙빙 돌았다. 그것도 한두 명이 아니라 수많은 백성이, 하루 이틀이 아니라 칠 일 동안 매일매일 돌았다. 성을 돌면서 마음속에 의심이 올라왔을 수도 있다. 한 삼 일째쯤 되었을 때 '아니, 이렇게 계속 성을 돈다고 무슨 해결이 된다는 거지? 성이 흔들리는 기미라도 보여야 하는 것 아니야?' 이런 의심이 들었을 수도 있다. 그런데도 그냥 도는 것이다.

순종은 의심과 질문이 생길 때도 일단 하나님의 말씀대로 행하는 것이다. 하나님은 '이게 맞나? 이렇게까지 해야 하나?' 싶을 때, 그럴 때도 순종하기를 원하신다. 어리석음을 두려워하지 말라. 세상에서 어리석게 보이는 것을 두려워하지 말라. 오히려 세상에서 똑똑하게 살려다가 세상에 빠져버리고 만다. 세상에서 똑똑하게 살면서 세상이 원하는 대로 'Fit in' 하다가 망하는 것이다. 눈앞에서 하나님나라로 가는 구원의 방주를 놓치는 일이 벌어지게 된다.

믿지 않는 자들에게 복음은 어리석은 것이다. 그들이 보기에 우리가 얼마나 이해가 안 되겠는가? 세상에서 잘 살려면 돈도 많이 벌어야 하고, 인맥을 유지하려면 사람에게 잘 보이기 위해 애도 써야 하는데, 그 방법이 아닌 하나님의 방법으로 살겠다고 하니 그런 모습이 어떻게 이해가 되겠는가?

하지만 하나님은 세상 사람의 눈에 어리석어 보이는 그 믿음의 길을 원하신다. 세상의 방법을 따르지 말고 하나님의 뜻대로 살기를 원하신다. 그래서 전쟁을 앞두고 할례를 행함으로 먼저 하나님과의 관계를 회복하기를 바라셨고, 전쟁 역시 사람의 생각으로 하는 것이 아닌 하나님의 말씀에 순종함으로 하나님의 방법대로 치르길 원하셨다.

순종이 제사보다 귀하다. 예배는 반드시 순종으로 이어져야 한다. 예배가 순종으로 끝나지 않으면, 그 예배는 하나님께 올려진 것이 아니다.

어리석을 정도로 하나님을 의지하라.
어리석을 정도로 하나님을 붙잡으라.
어리석을 정도로 하나님의 말씀에 순종하라.

예배 때 받은 그 말씀에 순종함으로 한 주를 살아야 한다. 예배보다 더 중요한 훈련은 없다. 그렇게 말씀으로 일상을 살아내는 것이 예배이고, 제사이고, 하나님께 드려지는 삶이다.

끝까지 순종할 때 역사가 일어난다

나병에 걸린 나아만 장군이 병 고침을 받기 위해 엘리사에게 왔다. 엘리사는 내다보지도 않고 사환을 보내어 나아만 장군에게 요단강에 몸을 일곱 번 씻으라고 했다.

사실 나아만 장군에게 시킨 것이 얼마나 황당한 요구인가? 아픈 사람에게 강물에 들어갔다 나왔다 하라고 하다니. 그것도 일곱 번이나 말이다. 이런 방법보다 엘리사가 나와서 근엄하게 안수하고 하나님의 이름으로 기도해서 낫는 게 더 멋지고 근사해 보이지 않겠는가? 하지만 하나님은 그런 멋있는 방법을 택하지 않으셨다.

처음에는 불같이 화를 내던 나아만 장군이 그 말에 따르기로 하고는 아픈 몸을 이끌고 강물에 들어갔다 나왔다. 여섯 번째 들어갔다 나왔다. 별생각이 다 들었을 것이다. 마지막 일곱 번째 물에 들어갈 때까지도 변화가 없었다. 그러나 기적은 마지막에 일어난다. 하나님은 끝까지 믿음으로 행하길 원하신다. 순종은 끝까지 하는 것이다. 설령 의심이 들더라도 말이다.

여리고 성을 도는 것도 그렇다. 전쟁을 해야 할 사람들이 성을 도는 것은 너무 이상한 일이다. 코미디도 아니고. 할례를 행하라고 하실 때도 이해하지 못했다. 그래도 그것은 자기들이 잘못한 것이니까 어느 정도 이해의 여지는 있었다. 하지만 이것은 이해의 여지가 없다. 누가 봐도 너무 이상한 일이다. 매일 성벽을 돌면서 '이게 뭐 하는 짓인가?' 싶었을 것이다. 그리고 여리고 성 사람들은 그런 이스라엘 백성을 조롱했을 것이다.

하지만 하나님이 그것을 원하셨다. 편안한 길, 이해할 수 있는 길로 가지 말고 하나님의 길로 가라는 것이다. 세상에 맞추려고 하지 말고 하나님의 말씀에 반응하라는 것이다.

그 말씀에 여호수아가 순종했고, 이스라엘 백성은 여호수아를 신뢰함으로 함께 순종했다. 그렇게 끝까지 순종할 때 마지막에 하나님이 역사하셨다.

하나님이 우리의 계획과 다른 일을 행하실 때 우리는 하나님이 하실 일을 기대해야 한다. 우리의 생각과 다른 일을 요구하실 때 내 마음이 불편한 게 중요한 것이 아니라 하나님이 원하시는 일을 행하는 것, 하나님께 순종하는 것이 중요하다.

'내가 이렇게까지 해야 하나'라는 질문이 오고 갈 때 그때도 순종하는 신앙생활을 하라. 그런 부담이 전혀 없는 신앙생활을 하다가는 눈앞에서 구원의 방주를 놓쳐버릴지도 모른다.

내 전쟁이 아니라 여호와의 전쟁이다

성경에 기록된 전쟁 기사를 보면 이렇게 표현된 경우가 많다. "여호와의 전쟁."

전쟁은 하나님의 전쟁이다. 그런데 하나님께 속한, 하나님의 전쟁이 되기 위해 하나님이 항상 요구하셨던 것이 순종이었다.

에베소서 6:11,12

마귀의 간계를 능히 대적하기 위하여

하나님의 전신 갑주를 입으라

우리의 씨름은 혈과 육을 상대하는 것이 아니요

통치자들과 권세들과 이 어둠의 세상 주관자들과

하늘에 있는 악의 영들을 상대함이라

우리도 지금 전쟁 중이다.

눈에 보이는 여리고 성만 없지 우리도 전쟁 중이다. 하나님께서는 이 싸움을 인식하고 하나님의 말씀으로 무장하라고 하셨다. 여기에서 핵심이 뭐냐면 '순종'이다. 우리가 이해하지 못하는 수준의 순종이 핵심이다.

그런데 순종하면 옆에 있는 사람들이 박수치는 게 아니라 교회 다니는 사람들까지도 '뭘 그렇게까지 하느냐'라는 말을 듣는다.

내가 이스라엘 장군 중에 한 사람이었다면, 나는 정말 성을 돌라는 명령에는 동의하지 못했을 것 같다. 할례까지는 '그래, 하나님의 언약이니까' 하며 마지못해서 따랐겠지만, 이 명령은 정말 못 따를 것 같다. 장군의 입장에서는 진짜 납득하기 어려운 명령이다. "돌격! 공격!" 하고 들어가야지, "돌아! 계속 돌아!"라니. 그런데 하나님이 이것을 원하셨다.

인간의 노력은 안전하지 않다

이 사건을 여리고 사람들의 입장에서 생각해보자. 이스라엘의 입장에서는 하나님께서 어리석어 보이는 순종을 요구하신 것이라고 볼 수 있다.

하지만 여리고 사람들의 입장에서는 정말 황당하게 날벼락을 맞은 사건이다. 싸움 한번 제대로 못 해보고 성이 와르르 무너지다니. 여리고 성은 당시 가장 강한 성 중에 하나였다. 그런데 여리고 성은 여리고 사람들의 피난처가 될 수 없었다. 인간의 노력으로 피난처는 생산 불가다. 우리의 열심이 피난처를 만들어낼 수 없다.

이 땅에서는 혼란과 아픔이 참 많다. 사건 사고도 많다. 그래서 우리는 안전하기를 원하고, 추구한다. 하지만 안전은 하나님의 보호하심 없이는 불가능하다. 사람은 인생살이를 하면서 추구하고 있는 피난처가 있을 텐데, 하나님이 피난처가 아니라면 세상의 그 무엇도 우리의 피난처가 되지 못한다.

여호수아 6:1
이스라엘 자손들로 말미암아 여리고는 굳게 닫혔고
출입하는 자가 없더라

이 말씀은 스쳐 지나가기 쉬운 말씀인데, 스쳐 지나가면 안되는 말씀이다. 여기서 "여리고는 굳게 닫혔고"라는 표현에는 두 가지 의미가 있다.

지금 이스라엘 백성이 어떤 상황인가? 할례를 받았다. 이스라엘 백성이 전쟁을 위해 무엇을 하고 있는가? 아무것도 안 하고 있다. 그런데 무슨 일이 벌어졌는가? 여리고가 굳게 닫혔다.

'굳게 닫혔고'라는 표현을 조금 더 상세하게 번역하면 '굳게 닫았고 닫혔다'라고 번역할 수 있다. 누군가에 의해 닫혔고, 또 스스로 닫았다는 것이다. 그들은 너무 두려우니까 스스로 닫았다. 성 문을 닫아놓으면 성 안에 있는 사람들이 성 밖에서 공격하는 사람들보다 유리하다. 그런데 동시에 누군가에 의해 닫혀졌다는 것이다. 하나님이 닫으신 것이다.

하나님은 문을 열기도 하고, 닫기도 하는 분이시다. 문을 열고 닫는 것이 중요한 게 아니라, 시시때때로 하나님께 순종하는 것이 신앙의 본질이라는 것이다.

꼭 기억하라.
순종이 이긴다.

순종이 닫고 닫히는 모든 상황 속에서 우리에게 승리를 가져다준다.

시편 127:1
여호와께서 집을 세우지 아니하시면
세우는 자의 수고가 헛되며
여호와께서 성을 지키지 아니하시면
파수꾼의 깨어 있음이 헛되도다

우리는 이 말씀을 볼 때마다 하나님께서 나를 지켜주신다고 생각하지만, 이 말씀의 베이스는 어리석은 모습까지 가는 순종이다. 그냥 순종이 아니라 세상이 보기에 멍청하고 어리석은 정도의 순종을 원하신다는 것이다.

똑똑하게 살다가는 망한다. 자기 똑똑함에 넘어진다. 인간이 똑똑해봤자 아닌가. 하나님은 순종을 원하신다.

신앙은 매우 심플하다.
순종하라.
그리고 순종으로 능력을 나타내라.
순종하기 위해 기도하라.
순종하기 위해 말씀을 읽으라.
하나님을 향한 믿음의 핵심은 순종이다.

하나님의 일하심에 순종하라

그래서 제사보다도 순종이 중요하다고 하는 것이다. 순종하지 않으면 제사를 드려봤자 헛된 것이기 때문이다. 세상에서 인정받는 것보다 더 중요한 것이, 어리석어 보일 정도로 세상의 비난과 비판을 감당하는 순종이라는 것이다. 내가 이해하지 못하는 일들에 순종하는 것이다. 하나님은 홍해 앞에서도 그러한 순종을 원하셨다.

출애굽기 14:13

모세가 백성에게 이르되

너희는 두려워하지 말고 가만히 서서

여호와께서 오늘 너희를 위하여 행하시는 구원을 보라

너희가 오늘 본 애굽 사람을 영원히 다시 보지 아니하리라

하나님이 원하시는 것은 딱 하나이다. 순종. 가만히 있으라는 것이다. 가만히 서서 하나님이 하실 일들을 보라는 것이다.

사실 가만히 있는 것보다 나가서 싸우는 게 쉽다. 부닥치고 뭐라도 해보며 내 마음대로 해결하려고 애쓰는 게 쉽다. 가만히 있는 게 제일 어렵다. 마음이 얼마나 답답하고 불안한지 모른다.

그런데 하나님이 요구하시는 것은 가만히 있으라는 것이다. 우리를 향해 욕을 해도 가만히 있고, 공격을 해도 가만히 있으라고 하신다. '이건 내 전쟁이야'라고 말씀하신다.

우리 일상에서 벌어지는 모든 일들에서 윤리와 도덕을 지키는 것은 우리의 목표가 아니다. 그것은 기본이다. 우리에게 가장 필요한 것은 순종이고, 하나님의 마음을 갖는 것이다.

디모데후서 2:15

너는 진리의 말씀을 옳게 분별하며

부끄러울 것이 없는 일꾼으로 인정된 자로

자신을 하나님 앞에 드리기를 힘쓰라

하나님이 인정하시는 일꾼이 되는 것, 그것은 순종하는 것이다. 이해하는 것만 순종하면 그것은 믿음 생활이 아니다.

내가 청년이나 청소년 사역을 많이 하다 보니 집회를 가보면 청년들이 질문을 많이 한다. 그중에 제일 많이 나오는 질문이 직장 상사에 대한 질문이다.

"목사님, 상사가 하나님을 믿는 사람인데 정의롭지 못합니다. 말도 안 됩니다. 어떻게 이럴 수 있어요?"

그럴 때 내가 하는 얘기는 두 가지다.

"너의 상사는 그 사람이 아니라 하나님이야. 너는 하나님을 향해서 일하는 거야. 하나님이 인정하셔야 해. 하나님이 인정하시도록 너는 열심히 일하고 있니?"

이것이 첫 번째로 하는 이야기고, 두 번째는 이렇다.

"한번 냉정하게 네가 상사 입장에서 너를 부하직원으로 두고 함께 일한다고 생각해봐. 그럼 너는 만족하겠니?"

하나님은 우리에게 능력을 갖추라고 하신 적이 없다. 실력을 갖춰야 한다거나 자격 요건을 갖추라고 말씀하신 적이 없다.

구원에는 그런 게 필요 없기 때문이다. 하나님이 요구하신 것은 한 가지, 순종이다.

순종, 그 한 가지를 못 해서

많은 사람들이 이해 못 하는 선악과 사건이 창세기에 나온다. '도대체 선악과는 왜 만들어두신 거야?'라는 원망 아닌 원망을 하는 크리스천들도 많다.

하나님이 아담과 하와에게 수많은 것을 다 주셨는데 "이것 하나는 먹으면 안 돼. 이것은 너와 나의 약속이야"라고 말씀하신 것이 선악과다. 이 약속의 의미는 이렇다. 하나님이 먹지 말라고 하신 그 선악과를 먹지 않음으로 '하나님은 나의 주인이십니다'라고 고백하고 인정하는 것이다.

그런데 아담과 하와는 그 선악과를 먹어버린다.

하나님이 요구하시는 것은 오직 한 가지 순종인데, 우리는 그 한 가지를 그렇게 못 한다.

우리는 전지전능하신 하나님이 내 편을 들어주시는 것을 너무 원하고, 하나님이 나의 전쟁을 싸워주시기를 원하는데, 내 방법으로 싸워주시기를 원한다. 폼도 좀 나고, 사람들에게 부러움의 대상이 되기도 해야 한다.

하지만 예수님은 그렇게 살지 않으셨다. 예수님의 십자가의 순종을 기억하라. 예수님은 처절하셨고, 십자가를 지셨고, 겸손하셨으며, 제자들의 발을 씻기셨다. 하지만 우리는 그런 것은 다 무시하고 예수님의 능력으로 승리하고 이 땅에서 떵떵거리며 사는 것을 원한다.

하지만 그런 안락한 삶은 기독교의 핵심이 아니다. 나는 비행기를 놓치고 나서 이런저런 생각을 많이 했다. 예약도 진작부터 했었고, 내 손에는 비행기 티켓이 있었고, 사실 많이 늦지도 않았다. 게이트에 도착했을 때 약 5분 정도의 시간이 남아 있었다. 물론 출발 시간보다 30분 먼저 도착해야 한다는 단서가 붙어 있었지만, 다른 항공사의 비행기 같았으면 기다려주었을 시간이었다. 비행기를 탈 수 있는 모든 조건이 나에게 있었다. 그런데 놓쳤다.

우리가 신앙생활을 그렇게 하고 있는 것은 아닐까? 구원을 어떻게 받는지 다 알고, 하나님을 어떻게 섬겨야 하는지도 안다. 하나님의 말씀도 알고, 간혹 눈물을 흘리고 은혜도 받는 것 같다. 그런데 결정적으로 순종이 없으면 과연 제대로 신앙생활을 하고 있는 것일까? 정말 하나님이 나의 하나님이신 것일까?

정답을 다 알면 뭐하는가? 수능 시험을 보는데 정답을 다 알고 있어도 답안 카드에 하나씩 밀려 쓰면 정답을 알고 있는 것은 전혀 소용이 없다. 어쩌면 우리가 그런 식으로 신앙생활을 하고 있는지도 모른다.

사람은 자신의 문제를 정확히 바라보지 못한다. '나는 이 정도 신앙생활 했고, 이런 훈련을 받았고, 저런 사역을 했다'고 생각한다. 하지만 그 안에 순종이 없다면 결정적인 것이 빠진 것이다.

예수님의 십자가의 순종을 기억하라. 가장 큰 아픔을 당하신 그 길이 주님께는 또한 가장 큰 기쁨이셨다. 아픔과 기쁨이 만나는 곳이 헌신의 자리다. 그곳에 우리가 있어야 한다.

쉽게 예수 믿지 말고, 헌신이 있는 순종을 하라. 더 큰 기쁨과 아픔이 만나는 그 지점에 서 있어야 한다.

이미 전쟁의 결과는 나왔다

전쟁 중에 적군의 성을 빙빙 돌고 있는 것은 코미디다. 말도 안 되는 일이다. 성경을 읽는 우리는 하나님이 "성을 돌라"라고 하셨고, 그렇게 성을 돌자 성이 와르르 무너졌다고 알지만, 그 시간은 여호수아와 이스라엘 백성에게 결코 짧은 시간이 아니었을 것이다.

만약 내가 여리고의 장군이었다면, 처음에는 두려워하다가 한 삼 일 정도 이스라엘 백성이 아무것도 안 하고 성만 빙빙 도는 것을 봤으면 공격했을 것이다. 이스라엘에 대한 소문을 들고 두려워하면서 성문을 꽉 닫고 지켜봤는데, 아무것도 안 하고 돌기만 한다. 처음에는 '뭔가 있을 거야' 했겠지만 그렇게 한 삼 일 지켜봤는데도 아무것도 없다. 진짜 그냥 돌기만 한다. 자기가 보니 그들은 완전히 무방비 상태였다. 전쟁을 앞두고 할례를 받았을 때처럼 말이다. 그런데도 여리고 군사들은 싸움을 못 했다. 이미 6장 1절에서 싸움이 끝났다.

이미 전쟁은 하나님께 속해 있는데, 우리는 여전히 불안하다. 순종하지 못했기 때문에 불안한 것이다. 예배하지 못하기 때문에 불안한 것이다. 하나님을 하나님으로 섬기지 못해서 불안한 것이다.

우리는 하나님의 능력으로 사는 성도들이 되어야 한다. 그래서 하나님이 인정하시는 일꾼으로 세워져야 한다.

나의 유일한 꿈은 우리가 다 하나님께 인정받는 것이다. 신실하게 순종하자. 어리석은 모습으로 순종하자. 하나님을 믿고 의지하자.

잠언 28:1

악인은 쫓아오는 자가 없어도 도망하나

의인은 사자같이 담대하니라

하나님께 온전히 순종할 때 우리에게 이 축복이 있을 것이다.

순종하는 사람을 살리신다

여호수아와 이스라엘 백성은 정말 말도 안 되는 것 같은 하나님의 명령에 끝까지 순종했다. 그리고 무슨 일이 일어났는가? 여리고 성이 무너졌다!

여기서 한 가지 더 중요한 사실이 있다. 여리고 성이 무너졌는데, 그 무너진 성 안에서 한 여인이 살았다. 그 여인은 라합이다. 하나님은 끝까지 살리시고, 한 사람이라도 더 살리시는 하나님이시다. 그 하나님께서 라합과의 약속을 지키셨고, 그래서 라합이 살았다. 라합이 살았다는 것은 라합만 산 게 아니다. 그 가족이 다 살았다. 직계가족뿐만 아니라 사돈의 팔촌까지 다 살리셨다.

성이 무너져도 살아남는 사람이 있다. 다 멸망해도 구원받는 사람이 있다. 거꾸로 이야기하면 다 구원받아도 멸망하는 사람이 있다는 것이다. 그러니 우리는 정신을 똑바로 차려서 하나님께 순종해야 한다. 끝까지, 제대로 순종해야 한다.

생각과 입술을 다스리고, 아무렇게나 살지 말고 하나님의 말씀에 순종해야 한다.

똑똑하게 살지 말고, 신실하게 살자.

믿음이 이긴다. 순종이 이긴다.

이 사실을 신뢰하라.

1 이스라엘 자손들이 온전히 바친 물건으로 말미암아 범죄하였으니 이는 유다 지파 세라의 증손 삽디의 손자 갈미의 아들 아간이 온전히 바친 물건을 가졌음이라 여호와께서 이스라엘 자손들에게 진노하시니라 2 여호수아가 여리고에서 사람을 벧엘 동쪽 벧아웬 곁에 있는 아이로 보내며 그들에게 말하여 이르되 올라가서 그 땅을 정탐하라 하매 그 사람들이 올라가서 아이를 정탐하고 3 여호수아에게로 돌아와 그에게 이르되 백성을 다 올라가게 하지 말고 이삼천 명만 올라가서 아이를 치게 하소서 그들은 소수이니 모든 백성을 그리로 보내어 수고롭게 하지 마소서 하므로 4 백성 중 삼천 명쯤 그리로 올라갔다가 아이 사람 앞에서 도망하니 5 아이 사람이 그들을 삼십육 명쯤 쳐죽이고 성문 앞에서부터 스바림까지 쫓아가 내려가는 비탈에서 쳤으므로 백성의 마음이 녹아 물 같이 된지라 6 여호수아가 옷을 찢고 이스라엘 장로들과 함께 여호와의 궤 앞에서 땅에 엎드려 머리에 티끌을 뒤집어쓰고 저물도록 있다가 7 이르되 슬프도소이다 주 여호와여 어찌하여 이 백성을 인도하여 요단을 건너게 하시고 우리를 아모리 사람의 손에 넘겨 멸망시키려 하셨나이까 우리가 요단 저쪽을 만족하게 여겨 거주하였더면 좋을 뻔하였나이다

chapter 7

패배 앞에서 돌이키라

잘나갈 때 조심해야 한다

지금까지 여호수아와 이스라엘 백성은 승승장구했다. 이겼고, 평탄했고, 하나님이 이끌어주셨으며, 하나님이 원하시는 일들을 그들은 뭐든 순종했다. 어리석어 보이는 일들까지도 하나님 앞에 순종했다. 전쟁을 앞두고 할례를 행하라 하셔서 행했고, 여리고 성을 돌라고 하셔서 돌았다.

순종하기 어려운 명령 앞에서도 그들은 제법 순종을 잘했다. 그리고 여리고 성을 점령했다. 사기가 하늘까지 닿아 있었다.

사실 아무런 노력 없이 여리고 성을 얻은 것이다.

그들은 한 게 하나도 없었다.

그냥 하나님과 함께한 것밖에 없었다.

그랬는데 자기들이 보기에 약하고 작은 성이 눈에 들어왔다. '이 정도는 내가 할 수 있겠다' 싶은 성이 눈앞에 나타난 것이다. 지금까지 이스라엘 백성이 맞닥뜨려온 상황 중에 그들의 힘으로 해결할 수 있었던 일은 거의 없었다. 홍해가 가로막았을 때도 그랬고 요단강 앞에 섰을 때도 그랬으며 여리고 성 앞에서도 그랬다.

내가 할 수 있는 일이 전혀 없을 때는 하나님을 붙잡기가 오히려 쉽다. 내가 할 수 있는 일이 하나님을 붙잡는 것밖에 없기 때문이다. 그러다 내 힘으로 해볼 만한 상대가 들어오면, 그때 오히려 함정에 걸려 넘어지는 것이다.

그래서 여호수아와 이스라엘 백성은 자신만만했던 아이 성에서 굴욕적인 패배를 당한다.

패배의 원인 – 아간의 범죄

에덴동산에 뱀이 있었고, 예수님의 열두 제자 사이에 유다가 있었다면, 당시 이스라엘 백성 가운데에는 아간이 있었다. 아간으로 인해 이스라엘 백성이 아이 성을 치기 전인 1절부터 벌써 여호와의 진노가 촉발되었다.

여호수아 7:1

이스라엘 자손들이

온전히 바친 물건으로 말미암아 범죄하였으니

이는 유다 지파 세라의 증손 삽디의 손자

갈미의 아들 아간이 온전히 바친 물건을 가졌음이라

여호와께서 이스라엘 자손들에게 진노하시니라

아간은 하나님께 바쳐진 물건을 가져가는 죄를 저질렀고, 하나님은 아간으로 인해 이스라엘 백성에게 진노하셨다.

그런데 1절을 보면 "이스라엘 자손들이 온전히 바친 물건으로 말미암아 범죄하였으니"라고 했다. 아간 한 사람이 죄를 지었는데, 하나님은 이스라엘 자손들 전체가 범죄하였다고 말씀하신다.

우리가 한 사람, 예수 그리스도께서 십자가에 달려 돌아가심으로 말미암아 그 십자가를 믿어 구원을 받는 것처럼, 하나님은 공동체의 한 사람의 죄악에 대해 굉장히 심각하게 여기신다. 이 죄로 인해 이스라엘은 아이 성과 붙기도 전에 패배의 기운이 감돌았다.

패배의 원인 – 자만과 교만
문제는 아간의 범죄뿐만이 아니었다.

여호수아 7:3

여호수아에게로 돌아와 그에게 이르되

백성을 다 올라가게 하지 말고

이삼천 명만 올라가서 아이를 치게 하소서

그들은 소수이니 모든 백성을 그리로 보내어

수고롭게 하지 마소서 하므로

아간의 문제는 차치하고라도 지금 아이 성을 향한 여호수아와 이스라엘 백성의 태도를 보라. 여호수아는 지금 하나님 앞에 무릎 꿇고 하나님의 말씀을 듣는 것이 아니라, 장수들의 말을 듣고 있다.

이스라엘 장수들이 가서 보니 '이 성은 할 만 하다'는 것이다. 이길 수 있겠다는 것이다. 아이 성은 여리고 성에 비하면 아무것도 아니었기 때문이다.

지금까지 요단강을 건너고 여리고 성을 무사히 얻었던 이스라엘 백성의 눈에 아이 성은 당연히 쉽게 이길 수 있을 것 같았다. 자신들은 이미 아이 성보다 훨씬 규모도 크고 대단했던 여리고 성을 정복하지 않았나.

하지만 그들이 간과한 것이 있다. 승리의 원인을 하나님에게서 찾지 않은 것이다. 너무 웃기지 않은가? 여리고 성을 무너뜨리는 데 이스라엘 백성이 뭘 했다고 지금 아이 성을 만만하게 보고 있는 것일까? 그들은 성만 돌았고 승리를 이루신 분은 오직 하나님이셨는데!

이 뻔한 일은 우리에게도 너무나 자주 일어난다.

우리는 어렵고 힘들 때 하나님을 찾는다. 문제가 터졌을 때 하나님을 간절히 부른다. 그리고 하나님이 도와주셔서 일이 잘 되면 내 힘으로 잘 된 줄 알고 다시 내 마음대로 살다가 또 일이 잘 안 되면 하나님을 찾는다. 이게 우리 신앙생활의 패턴이다.

하나님께서는 우리에게 무엇을 원하실까?
하나님이 우리에게 원하시는 것은
하나님을 붙잡고 사는 것이다.
나의 힘을 붙잡는 게 아니라
하나님을 붙잡는 것이다.

어느 정도 성공했을 때 배어 나오는 교만과 주제넘은 태도를 버려야 한다. 마치 내가 다 이룬 것처럼 구는 태도 말이다. 여리고 성 정복은 이스라엘 백성의 노력과 힘으로 이뤄진 게 아니었다. 그런데도 그들은 마치 자신들의 힘으로 여리고 성을 이긴 것처럼 자신감이 팽배해 있었다.

그래서 자신들이 결론을 내린다.

"이 성은 전력을 다하지 않아도 된다. 쓸데없이 전력 낭비하지 말고 이삼천 명만 보내자."

하지만 그들은 단 한 번도 제대로 싸워본 적이 없었다. 그들은 여리고 성을 그냥 돌았을 뿐이다. 그런데도 눈앞에서 여리고 성이 무너지자 자신들이 싸워서 승리를 얻은 것처럼 착각하기 시작했다.

교만하면 진다

이 일은 이스라엘 백성에게만 일어나는 일이 아니라 우리에게도 일어나는 일이다. 대체로 우리는 평안할 때 하나님을 찬양하고 하나님을 붙잡고 의지하며 하나님만 사랑하는 경우가 드물다. 어렵고 힘들 때, 고통 속에 있을 때는 하나님을 간절히 찾는다. 하지만 하나님이 우리에게 풍성한 축복을 주실 때 감사의 제사를 끊임없이 올려드리는 인생은 매우 드물다.

우리는 하나님 중심의 신앙으로 어느 순간에나 하나님을 주인으로 붙잡고, 하나님 앞에 서야 한다. 그것이 신앙의 핵심이다.

이사야 2:22

너희는 인생을 의지하지 말라

그의 호흡은 코에 있나니 셈할 가치가 어디 있느냐

우리는 코의 호흡이 끝나면 끝이다. 우리가 원치 않아도 끝이 나고, 우리가 노력해도 끝이 난다. 인생이 그렇다. 전혀 의지할 대상이 못 된다.

그런데도 우리는 조금만 살 만하면 우리 힘을 의지하고 하나님의 은혜를 잊는다. 하지만 우리는 늘 하나님과 하나 됨으로, 그분의 임재로 살아가야 한다. 십자가의 능력이 고통 중에만 임하는 것이 아니라 그 고통이 지나간 후에도 항상 우리 안에 있어야 한다.

이스라엘 백성은 지금까지 온 것도 그들의 노력으로 일어난 일이 아닌데, 아이 성 앞에서 지금까지의 승리의 원인을 자신들에게서 찾기 시작했다. 그러니 하나님께 묻지 않고, 스스로 판단하여 이삼천 명만 보내면 된다고 결론을 내린 것 아닌가. 그런데 하나님께서는 이런 태도를 가장 싫어하신다.

시편 62:5-7

나의 영혼아 잠잠히 하나님만 바라라

무릇 나의 소망이 그로부터 나오는도다

오직 그만이 나의 반석이시요 나의 구원이시오

나의 요새이시니 내가 흔들리지 아니하리로다

나의 구원과 영광이 하나님께 있음이여

내 힘의 반석과 피난처도 하나님께 있도다

우리는 이 말씀대로 살아야 한다. 작은 성공 앞에서 교만과 주제넘은 자세를 버려라. 승리의 원리를 알아도 교만하면 진다. 하나님을 알아도 나를 의지하여 살면 진다. 하나님의 약속을 믿어도 주제넘게 나의 힘을 의지하면 진다.

어제의 승리가 오늘의 승리는 아니다

신앙생활을 똑바로 하지 않으면 신앙이 무너진다. 예배의 은혜가 우리 안에 없으면, 그 은혜로 앞으로 나아가지 못하면 우리의 신앙은 끝난다. 주일마다 드려지는 예배는 매우 중요하다. 그 예배를 통하여 한 주를 사는 메시지를 받아야 한다. 그 메시지를 통한 분명하고 구체적인 역사가 우리의 매일의 삶 속에서 일어나야 한다.

우리가 신앙생활을 하면서 가장 처절하게 깨달아야 하는 메시지는 나의 인생은 나의 힘으로 살 수 없다는 것이다. 가장 미숙한 사람이 자기 힘으로 자신의 인생을 살 수 있다고 생각한다. 그러나 인생은 그렇지 않다.

이런 모습이 이스라엘에게 없었다. 하나님의 은혜를 경험하

며 살다가도 교만하고 자만하여 어려움에 처하는 것은 한순간
이다. 지금까지 살아온 것이 하나님의 은혜임을 잊는 순간, 하
나님 없이도 살 수 있다고 생각하는 순간, 순식간에 어려움에
처하게 된다.

어제의 승리가 오늘의 승리를 약속하지 않는다.
어제의 간증이 오늘의 고백이 아니다.

과거의 어떤 승리도 오늘의 인생을 보장하지 않는다.
오늘은 오늘의 싸움이 있다.
오늘 우리가 걸어야 할 발걸음이 있다.
오늘 하나님 앞에 드려야 할 헌신이 있다.
오늘 하나님을 향한 고백이 있어야
그 고백으로 오늘을 살 수 있다.

자기 혼자 다 했다고 우기는 미숙함

아이들을 키우다 보면 부모가 아이를 도와줘서 뭔가를 할
수 있게 해주고는 마치 아이가 잘해서 할 수 있었던 것처럼 한
껏 박수 쳐주고 격려해줄 때가 있다. 그러면 아이들은 진짜로
자기가 한 줄 안다.

"아빠! 내가 한 거야! 내가 한 것 봐봐! 멋지지?"

사실은 부모가 다 해준 것인데 아이는 자기가 다 한 줄 안다. 우리 신앙생활도 그렇다. 내 힘으로 다 할 수 있다고 여기는 사람은 미숙한 사람이다. 인생은 내 마음대로 살 수 없다. 내 마음대로 안 되는 게 인생이다.

그런 인생을 어떻게 살아야 행복하게 살 수 있는가? 하나님과 함께해야 한다. 하나님과 함께함으로 우리 영이 진정한 만족을 누릴 때에야 우리는 비로소 행복할 수 있다.

하나님은 이스라엘이 하나님의 기업을 이루고 풍성한 승리 속에서 살기를 원하셨다. 지금 우리를 향해서도 마찬가지다. 하나님은 우리가 늘 하나님이 허락하시는 승리 안에서 살기를 바라신다. 이스라엘 백성이 아이 성에 패배하여 도망쳐 왔던 것처럼, 그렇게 도망치는 삶을 살기를 바라지 않으신다.

하나님이 바라시는 승리의 삶을 살기 위해선 다음을 반드시 기억해야 한다.

하나님이 안 도와주시면
내가 충분히 이길 수 있는 것도 지고
하나님이 함께하시면
내가 할 수 없는 일도 할 수 있게 된다.

이것이 성경의 원리다. 하나님은 늘 우리에게 '나와 함께 가려느냐? 나와 함께하겠느냐?'라고 물으신다. 여기서 독립선언을 해버리면 망하는 것이다.

신명기 11:22,23

너희가 만일 내가 너희에게 명하는 이 모든 명령을

잘 지켜 행하여 너희의 하나님 여호와를 사랑하고

그의 모든 도를 행하여 그에게 의지하면

여호와께서 그 모든 나라 백성을 너희 앞에서

다 쫓아내실 것이라

너희가 너희보다 강대한 나라들을 차지할 것인즉

하나님은 우리가 우리보다 강대한 나라들을 차지할 것이라고 말씀하셨다. 그런데 우리는 은혜 속에서도 하나님을 잊는다. 지금까지 살아온 삶을 돌아보면 굽이굽이 하나님이 도와주시지 않은 적이 없으며, 나를 돕는 손길이 그친 적이 없다. 아프리카 속담에 "한 인물을 키우려면 온 마을이 필요하다"라는 말이 있는 것처럼, 그 누구도 누군가의 도움 없이 혼자서 설 수 없다.

그런데도 스스로 혼자의 힘으로 살아왔다고 착각한다. 하나님의 인도하심 속에서 살다가도 자신감이 생기는 순간이 위험하다. 우리는 하나님이 만드신 존재라는 점에서 자존감은 있어야 하지만, 자신감은 매우 위험하다. 내가 할 수 있다고 생각하는 것은 다 무너진다.

감히 하나님을 속이려는 교만

그렇기 때문에 오히려 무너질 때는 감사해야 할 때다. 이 사실을 깨달을 수 있는 절호의 기회이기 때문이다. 지금 이스라엘은 이것을 깨달아야 했다. 이 깨달음 없이는 아무것도 안 된다.

아간의 죄악이나 하나님께 묻지 않고 자신의 힘을 믿었던 여호수아와 이스라엘의 성급함 모두 그 핵심은 교만이다. 하나님을 속이려는 교만이 그들을 무너뜨렸다.

'하나님이 이것까지는 모르실 거야.'

많은 이들이 여기서 넘어진다.

우리는 대개 하나님께 은혜 입기를 소원하고, 하나님이 내 삶 속에서 강력하게 역사해주시기를 간구한다. 하지만 하나님 앞에서 내 결단과 결정이 온전하기를 소원하는 마음은 약하다. 하나님의 능력으로 내 소원이 이루어지기를 바라는 마음은 강하다. 하지만 나의 선택과 내 생각이 하나님을 기쁘시게 하기를 바라는 마음은 너무 약하다.

그러다 보니 예배 속에서의 우리의 고백과 삶에서의 고백이

다르다. 이런 모습 때문에 예수 안 믿는 사람들이 크리스천을 보고 이해하지 못 한다. 하나님 앞에서 정말 열심히 예배를 드리긴 하는데 일상의 모습은 자신들보다 못하니 말이다.

마음의 묵상과 입술의 고백이 온전하기를,
입술의 고백과 일상의 모습이 일치하기를.

그렇다는 것은 그 삶 자체에 문제가 있는 것이다. 아이 성 패배가 문제가 아니다. 아니, 문제는 문제이지만 가장 큰 문제는 그것이 아니다. 패배하면 하나님 앞에 똑바로 서서 정비하고 예배하고 회복하고 다시 승리하면 된다. 패배했다고 해서 그 패배가 끝이 아니다.

지금 문제는 패배라는 결과가 아니라, 여리고 성을 상대로 얻은 놀라운 승리 후에 이런 죄악의 마음이 들어왔다는 것이다. 어제 받은 은혜가 그렇게 풍성한데도 불구하고 그 은혜 속에서도 파고드는 내 욕심을 채우려는 마음, '아이 성은 내 힘으로 처리할 수 있어'라고 생각하는 그 마음이 문제라는 것이다.

반드시 은혜를 사수하라
하나님의 역사 속에서도 내 마음대로 하고 싶어 하는 마음이 우리 안에 존재한다. 내가 원하는 것을 이루기 바라고, 내가 하고 싶은 대로 행하기 원하는 이 마음이 위험하다. 더 놀랍고 더 위험한 것은 은혜가 없을 때가 아니라 은혜 중에도 이런 마음이 든다는 것이다.

그러니 은혜마저 없으면 우리는 예수 믿는 사람처럼 살 수가 없다. 예배를 목숨과 같이 드려야 한다. 주일 예배를 우습게 여기면 안 된다. 주일 예배에서 은혜 못 받는 것을 방치하면 안 된다. 반드시 은혜 받아야 한다.

목회자는 목숨을 걸고 예배를 준비해야 하고, 성도는 목숨을 걸고 기도함으로 예배 때 은혜를 받아야 한다. 이 두 에너지가 만나서 시너지를 일으켜 하나님 앞에 큰 은혜를 받아야 하는 것이다. 하나님의 말씀이 선포될 때 은혜를 못 받으면 우리는 세상에서 똑바로 살 수가 없다.

하나님의 말씀을 붙잡아도 흔들리기 쉬운데, 하나님의 말씀이 없는 곳에서는 망하고 만다. 승리는 용맹함이 아니라 하나님이 주신 패턴, 하나님이 주신 말씀을 지킬 때 얻을 수 있다.

여호수아 7:6

여호수아가 옷을 찢고 이스라엘 장로들과 함께

여호와의 궤 앞에서 땅에 엎드려

머리에 티끌을 뒤집어쓰고 저물도록 있다가

여호수아가 이것을 깨달았다. 죄악을 깨달았다. 승리는 용맹함이 아닌 하나님께 순종함으로 얻을 수 있음을 깨달았다. 그리고 회개하기 시작했다. 옷을 찢고 제사장들과 함께 기도하기 시작했다. 누가 잘못했냐, 어떻게 하다가 이렇게 됐냐 따지지 않았다. 그는 하나님 앞에서 진심으로 회개하기 시작했다.

원수의 함정을 조심하라

시편 142:3

내 영이 내 속에서 상할 때에도

주께서 내 길을 아셨나이다

내가 가는 길에 그들이 나를 잡으려고 올무를 숨겼나이다

하나님께서는 우리 인생의 모든 길을 아신다. 우리가 가는 그 길에는 함정도 있고, 올무도 있다. 그런데 그 함정에 빠졌다. 우리가 함정에 빠지는 것의 핵심은 '네가 할 수 있어'라는 사탄의 유혹이다. 사탄은 에덴동산에서 아담을 유혹할 때도 그렇게 유혹했다.

'네가 해. 네가 하나님이 될 수 있어. 네 마음대로 살 수 있어.'

아담과 하와가 사탄의 이 유혹에 귀를 기울이고 그 올무에

빠지면서부터 우리 인생이 이렇게 어려워진 것이다. 하나님께서 처음 우리를 창조하실 때는 우리가 이렇게 어렵게 살기를 계획하신 게 아니었다. 죄악 속에서 이렇게 되어버렸다.

내 마음대로 살기 시작하면서 영성이 무너지고, 영성이 무너지면 죄악을 행하는지도 모른 채 죄악을 행하게 된다. 여호수아가 죄악을 깨달을 수 있었던 것은 그래도 여호수아가 하나님을 붙잡으려고 했기 때문이다. 그런데 그마저도 무너져버리면 그 다음부터는 죄 속에서도 회개하지 못하고, 예배에 참석해도 온전히 드려지는 예배를 못 하게 된다. 그때부터는 종교생활이 되어버리는 것이다.

아예 신앙생활을 안 해버리는 용기도 없어서 한쪽 발은 교회에, 다른 한쪽 발은 세상에 걸쳐놓고 세상의 재미도 내려놓지 못하고 영을 붙잡고 사는 것도 포기하는 것이다. 육체는 영을 대적한다. 육체를 영으로 다스리지 못하면, 거꾸로 육체에 매여 살게 되는 것이다.

하나님은 인간을 고귀하게 창조하셨다. 그래서 이 땅의 것에 다스림을 받지 않고 이 땅의 것을 다스리는 삶을 살기를 원하셨는데, 오히려 이 땅의 것에 눌리며 살아가게 되었다. 여기서 조금 더 빠지면 내가 죄 속에 있는지도 모르게 된다.

이제 하나님 앞에서 진심으로 똑바로 서는 결단이 있기를 바란다. 사실, 우리는 이런저런 결단을 많이 한다. 다이어트 결단도 많이 하고, 운동하겠다는 결단도 많이 한다. 그런데 작심삼일이란 말이 있듯이 그 결단이 지켜지기가 쉽지 않다. 그만큼 우리의 결단은 신뢰의 대상이 아니다.

그래서 신앙은 결단으로부터 시작하지만, 결단 후에 반드시 있어야 하는 한 가지 고백이 '항복'이다. 하나님 앞에 항복하고 하나님의 방법을 받아들여야 한다. 그 항복으로 하나님의 말씀에 순종할 때, 하나님의 패턴을 따를 때 우리는 승리를 취할 수 있으며, 패배의 자리에서도 다시금 회복할 수 있다.

여호수아 9:22-27

22 여호수아가 그들을 불러다가 말하여 이르되 너희가 우리 가운데에 거주하면서 어찌하여 심히 먼 곳에서 왔다고 하여 우리를 속였느냐 23 그러므로 너희가 저주를 받나니 너희가 대를 이어 종이 되어 다 내 하나님의 집을 위하여 나무를 패며 물을 긷는 자가 되리라 하니 24 그들이 여호수아에게 대답하여 이르되 당신의 하나님 여호와께서 그의 종 모세에게 명령하사 이 땅을 다 당신들에게 주고 이 땅의 모든 주민을 당신들 앞에서 멸하라 하신 것이 당신의 종들에게 분명히 들리므로 당신들로 말미암아 우리의 목숨을 잃을까 심히 두려워하여 이같이 하였나이다 25 보소서 이제 우리가 당신의 손에 있으니 당신의 의향에 좋고 옳은 대로 우리에게 행하소서 한지라 26 여호수아가 곧 그대로 그들에게 행하여 그들을 이스라엘 자손의 손에서 건져서 죽이지 못하게 하니라 27 그날에 여호수아가 그들을 여호와께서 택하신 곳에서 회중을 위하며 여호와의 제단을 위하여 나무를 패며 물을 긷는 자들로 삼았더니 오늘까지 이르니라

chapter 8

나쁜 상황에서 좋은 결정을 하라

회복으로 이어지는 회개

앞 장에서 여호수아서 7장을 중심으로 아이 성에서의 실패를 보았다. 여호수아서 8장에서는 여호수아와 이스라엘 백성이 아이 성을 정복한다. 하나님 앞에서 회개하고 기도함으로 다시금 회복되는 역사가 있었던 것이다. 그렇게 아이 성을 정복한 후에 벌어지는 일들을 이번 장에서 함께 살펴보려고 한다.

회개는 반드시 회복으로 이어진다. 하나님께서 회개하라고 말씀하실 때마다 살아나는 역사가 있다. 하나님의 "회개하라" 는 사실 "살아나라"는 말씀이다. 하나님은 우리를 살리시는 분이다. 우리는 그것을 붙잡고 하나님 앞에 나아갈 수 있는 것이다.

회개함으로 하나님께 돌아오는 것은
아주 중요한 믿음의 시작이다.

하지만 그것이 다가 아니다.

하나님의 임재가 있는 삶,

하나님의 함께하심이 있는 삶을 살아야 한다.

하나님은 우리의 인생 자체가 하나님이 원하시는 인생이 되길 원하신다. 우리의 삶에 하나님의 임재와 하나님의 함께하심이 있기를 원하시는 것이다.

하나님이 원하시는 것을 우리도 바라고, 하나님이 원하시는 것을 우리도 붙잡는 인생이 되기를 원하신다. 우리의 라이프스타일 자체가 하나님이 원하시는 삶이 되기를 원하시는 것이다.

우리의 삶 속에서 어떤 잘못이나 실수, 죄악이 반복되는 것은 하나님을 주인으로 붙잡고 살아가는 삶에 아주 치명적이다. 우리가 살면서 어떤 잘못을 했다는 것은 아주 중대한 일은 아니나, 그 잘못이 계속 반복된다는 것은 문제가 있는 것이다.

"실수가 되풀이되면 실력"이라고 말하는 것처럼 영적으로도 똑같은 죄악이 깨달음 없이 계속 이어진다는 것은 큰 문제다. 하나님 앞에 회개했으면 같은 문제에 지지 않고 하나님이 원하시는 삶으로 변해가는 것이 매우 중요하다.

계속되는 문제 속에 하나님을 의지하라

아이 성에서의 성공 이후, 이스라엘 백성은 또 다른 문제에 맞닥뜨렸다. 어떤 문제가 해결되었다고 해서 우리 인생의 모든 문제가 해결되는 것은 아니다. 문제는 계속 이어진다. 인생에서 계속 이어지는 문제들을 만날 때 우리가 해야 할 것은 하나님이 원하시는 삶을 사는 것이다.

아이 성 함락 후에 이스라엘에게는 두 가지 문제가 생겼다.

첫 번째 문제는 이스라엘 백성이 계속 승승장구하면서 지역을 넓혀가자 지역 밖에 있던 여러 가나안 족속들이 연합군을 만든 것이다. 당연히 그렇게 하지 않겠는가?

두 번째 문제는 기브온 족속의 문제다. 기브온 족속은 점점 세력을 확장하는 이스라엘을 보면서 '이렇게는 안 되겠다'라고 생각했다. 이스라엘은 가나안 족속과는 어떤 약속도 하지 않았기에 기브온 족속은 여호수아를 속여서 이스라엘과 화친을 맺는다.

문제는 항상 있다. 문제가 없는 인생은 없다. 그렇기에 우리는 더더욱 하나님과 동행하는 인생을 살아야 한다. 하나님과 동행하고 하나님과 함께해야 한다.

우리의 일상 속에는 문제도 있고, 어려움도 있고, 기쁨도 있고, 문제를 해결하시는 하나님의 역사도 있다. 그러므로 가볍게 살지 말아야 한다. 경거망동하는 일이 없어야 한다.

오늘의 성공이 내일의 성공을 약속하지 않는다.

오늘의 실패가 내일의 실패로

저절로 이어지는 것도 아니다.

그래서 낙심하지도 말아야 하고 교만하지도 말아야 한다.

우리 인생에 어떤 어려움이나 힘든 일이 찾아올 때 하나님의 행하심을 믿고 그것을 절망으로 받아들이지 말라. 일이 잘 풀린다고 계속해서 잘되는 것은 아니다. 그럴 때도 하나님을 의지하며 살아가는 것이 중요하다.

속이려는 기브온, 속아 넘어간 이스라엘

기브온 족속은 이스라엘 백성들이 자신들을 가나안 족속 중에 하나라고 생각하지 않도록 먼 곳에서 왔다고 말했다. 그리고 그렇게 보이도록 해어진 전대를 준비하고 옷을 입고 곰팡이가 난 떡을 준비했다. 이렇게 그들은 멀리서 온 것처럼 위장하고 이스라엘에게 화친을 요청했다.

여호수아 9:4-6

꾀를 내어 사신의 모양을 꾸미되 해어진 전대와

해어지고 찢어져서 기운 가죽 포도주 부대를 나귀에 싣고

그 발에는 낡아서 기운 신을 신고 낡은 옷을 입고

다 마르고 곰팡이가 난 떡을 준비하고

그들이 길갈 진영으로 가서 여호수아에게 이르러

그와 이스라엘 사람들에게 이르되

우리는 먼 나라에서 왔나이다

이제 우리와 조약을 맺읍시다 하니

그런 기브온 족속을 보고 여호수아와 이스라엘 백성은 이전에 했던 실수와 똑같은 실수를 반복한다.

여호수아 9:14

무리가 그들의 양식을 취하고는

어떻게 할지를 여호와께 묻지 아니하고

하나님께 묻지 않았다. 지난번 아이 성에서의 실패의 문제도 바로 이것 아니었던가? 같은 실수를 되풀이하고 있는 것이다.

우리는 하나님의 교회로 부르심을 받았다. 건물이 교회인 것이 아니라 우리 한 사람 한 사람이 교회다. 그런 우리가 주님의 교회로 살아갈 때 가장 중요한 것은 하나님의 뜻을 붙잡는 것이다.

하나님의 뜻을 붙잡기 위해서는 하나님께 물어보아야 한다.

하나님께 묻지 않을 때, 우리는 똑같은 실수를 반복하게 된다.

결국 여호수아는 기브온 족속과 화친을 맺는다. 이때, 사기를 친 기브온이 잘못이지, 여호수아의 잘못은 아니라고 생각할 수도 있지만, 문제의 핵심은 여호수아가 하나님께 묻지 않았다는 데 있다.

하나님께 묻고 부르짖으라

영적인 삶에서 영적으로 선한 일을 하는 것도 되풀이되고, 영적인 실수도 되풀이된다. 영적인 실수를 반복하기 시작하면 그것이 인이 박혀서 나중에는 올바른 결정을 할 수 없는 사람이 될 수 있다.

그래서 우리는 늘 하나님 앞에 온전하게 서 있어야 한다. 이 부분에서 깨어 있지 않으면 한순간에 하나님이 원치 않으시는 인생으로 전락해버릴 수 있다.

예배를 드려도 온전하게 올려드리지 못하고, 선포되는 말씀을 예수 그리스도의 살아 계신 말씀으로 받지 못하면 우리는 무엇이 주님의 뜻인지 모른 채 그냥 살아가게 된다. 정신을 바짝 차려야 한다. 쉬운 결정일수록 주님께 물어보라. 내가 할 수 있는 결정일수록 기도해야 한다. 마땅히 보이는 길일수록 하나님 앞에 기도하면서 가야 된다. 그것이 로드십, 즉 주님이 우리의 주인 되시는 삶이다.

예레미야 33:2,3

일을 행하시는 여호와.

그것을 만들며 성취하시는 여호와.

그의 이름을 여호와라 하는 이가 이와 같이 이르시도다

너는 내게 부르짖으라 내가 네게 응답하겠고

네가 알지 못하는 크고 은밀한 일을 네게 보이리라

우리가 해야 할 일은 전지전능하신 하나님께 부르짖는 것이다. 부르짖는 것이 우리가 할 일이다. 응답하시고 인도하시는 것은 하나님이 하신다. 이것을 아는 것이 믿음의 핵심이다.

믿음의 핵심은

우리는 하나님께 여쭙고

하나님이 우리를 인도하시는 것.

인간의 생각과 한계로 살아가는 것이 아니라 하나님이 우리를 인도하시는 것을 경험하면서 살아가자. 그래야 하나님이 원하시는 삶을 살 수 있다.

최악의 상황을 만들지 말라

16절에서 문제가 확인되었다. 거짓은 오래가지 않는다. 시간이 조금 흐르자 그들을 알아본 자들이 있었다. 그제서야 여호수아는 기브온 족속이 자신들을 속였음을 알게 됐다.

여호수아 9:16

그들과 조약을 맺은 후 사흘이 지나서야

그들이 이웃에서 자기들 중에 거주하는 자들이라

함을 들으니라

이제부터가 중요하다. 상황이 나빠졌다. 하나님께 묻지 않고 행한 결과, 사기를 당했다. 그런데 내가 사기를 당했지만 힘은 내가 더 센 상황이다. 이런 경우, 문제를 해결하는 방법은 간단하다. 쳐서 죽이면 된다. 그러면 끝난다.

하지만 그렇게 되면 나쁜 상황에서 최악의 상황으로 치달아 버린다. 계속해서 하나님이 원하지 않으시는 쪽으로 가는 것이기 때문이다. 여호수아와 이스라엘 백성은 이런 나쁜 상황 속에서 하나님이 원하시는 좋은 결정을 하기 시작한다. 이것이 매우 중요하다.

우리도 살다 보면 실수할 때가 있다.

실패할 수도 있고,

온전치 않은 결정을 할 수도 있다.

그럴 때 최악의 결정으로 이어지지는 않아야 한다.

최악의 결정으로 이어지지 않게 해달라고 기도하라.

어려움 속에서도

최선의 선택을 할 수 있게 기도하라.

우리의 인생 속에 어려움이 생길 수 있고 또 내가 원치 않는 일들이 벌어질 수 있다. 그럴 때 원치 않는 일들이 최악의 상황으로 가지 않도록 해야 한다. 가장 실패하는 인생은 나쁜 상황에서 최악의 상황으로 가는 인생이다.

실패했다고 다시 일어설 생각도 안 하고, 자포자기하여 다 팽개치고 숨어서 예배도 안 드리면, 그것은 최악으로 가는 것이다. 실패했다고 모두가 최악으로 가는 것은 아니다. 그 자리에서 좋은 선택을 하기 시작하면 된다.

문제를 확인하고, 돌이켰다

여호수아가 잘못했다. 하나님께 묻지 않고 자기 생각대로 행했다. 하지만 깨닫기 시작했다. 하나님이 원하시는 것이 무엇인지, 하나님이 바라시는 것이 무엇인지 알았다. 그리고 그렇게 문제를 확인한 후부터 똑같은 실수를 안 했다. 하나님께 묻지 않는 똑같은 실수를 반복하지 않았다.

문제를 확인한 여호수아는 '속았다'는 것에 집중하지 않고 하나님과 자신의 관계에 집중하기 시작했다.

어려운 일을 당했을 때, 실수하거나 실패하여 나쁜 상황을 맞닥뜨렸을 때 그때 우리는 '누가 나에게 이렇게 했느냐'에 집중할 것이 아니라 하나님을 생각해야 한다. 하나님께 집중하여 같은 실수를 반복하지 않고 최악의 상황으로 이어지지 않게 하는 것, 하나님은 그것을 원하신다.

억울한 일을 당하고
나쁜 상황을 만나면 하나님을 생각하라.
하나님과 나와의 관계에 집중하라.

우리는 하나님 중심으로 살아야 하는 사람이다. 어떤 상황이나 어떤 사람이 우리 인생을 주도하지 못하도록 하라. 가정에서도 마찬가지다. 나쁜 상황이 가정을 헤집지 못하게 하라. 최악의 상황으로 가지 말아야 한다.

가족과 부딪혔다면 최악의 상황으로 가지 말고 빨리 풀어야 한다. 직장 동료와 갈등이 생겼다면 최악의 상황으로 가지 말고 얼른 하나님의 마음을 품고 해결하라. 이미 벌어진 나쁜 상황은 어쩔 수 없다. 하지만 그 상태에서 하나님이 기뻐하시는 결정을 하기 시작해야 한다. 그래서 최악의 상황으로 가지 말아야 한다.

하나님이 원하시는 마음

여호수아는 긍휼의 마음을 갖기 시작했다. 긍휼의 마음으로 그들을 내치지 않고 오히려 끌어안았다. 그들을 보호하여 살려주기로 결정한 것이다.

나를 미워하는 사람이 있는가? 누군가 나를 모함하는가? 나에게 어려움을 주는 사람이 있어서 견디기 어려운가? 주님의 사람은 그를 끌어안는다. 끌어안는다는 것은 친하게 지낸다는 의미가 아니라 미워하지 않고 그와 똑같이 행동하지 않는다는 것이다.

어떤 사람이 나를 어렵게 한다는 것은 나쁜 상황이다. 그런데 거기서 내가 그 사람에게 복수를 하면 그건 최악의 상황으로 가는 것이다. 그러면 우리는 하나님 앞에서 살아가는 사람이라고 할 수가 없다.

하나님은 살리는 분이시다. 하나님은 긍휼을 원하신다. 끝까지 우리를 통해서 일하시는 하나님은, 우리가 선으로 악을 이기기를 바라신다. 선으로 악을 이기는 것이 상급을 하늘에 쌓는 길이기 때문이다.

선으로 악을 이기는 것은 너무너무 어렵다. 하지만 불가능하지 않다. 어리석은 순종으로 어리석은 방법을 택하라. 전쟁 중에 여리고 성을 돌았던 것도 어리석은 일이었다. 하지만 그 어리석은 순종으로 이스라엘은 여리고 성을 정복할 수 있었다. 그 어리석은 순종이 능력이 된다.

세상에서는 하나를 빼앗기면 열 개를 공격하는 것이 영리한 방법이다. 그런 사람이 세상 권력을 차지한다. 하지만 하나님은 그렇지 않으시다. 하나님은 선으로 악을 이기는 하나님의 사람을 붙잡으신다. 우리가 열심히 하는 것도 중요하지만, 올바르게 하는 것은 더 중요하다. 올바르게 하는 방법이 선으로 악을 이기는 것이다.

성공회 수도사인 R. M. 벤슨은 이런 말을 남겼다.

"나를 향해서는 차가운 마음을,

다른 사람을 향해서는 따뜻한 마음을,

주님을 향해서는 타오르는 마음을!"

정말 중요한 말이다. 나를 향해서는 냉정할 필요가 있다. 다른 사람을 향해서는 따뜻하게 봐야 한다. 주님을 향해서는 타오르는 열정으로 나아가야 한다. 우리에게 이런 마음이 있어야 한다.

하나님이 기뻐하시는 선택

기브온 족속은 다 죽은 목숨이었다. 이스라엘이 마음만 먹으면 그들을 다 죽일 수도 있었다. 이것을 알았던 그들은 여호수아 앞에 서서 떨면서 말했다.

"우리가 당신의 손에 있으니 당신의 의향에 좋고 옳은 대로 우리에게 행하소서."

죽이든지 살리든지 마음대로 하라는 것이었다. 여호수아는 기브온 족속을 품기로 했다. 여호수아는 그들을 죽이지 않고 일꾼으로 함께 살게 해주었다.

선을 긋고 정리하는 것은 쉽다. 그런데 끌어안고 수용하고 품어주는 것은 어렵다. 그들이 먼저 속였기 때문에 그들에게 어떤 복수를 행했다 해도 정당화할 수 있었다. 하지만 여호수아는 하나님 중심으로 생각했다. 잘못을 깨닫고 정신을 차렸다. 잘못된 결정이 계속되어 최악의 결정으로 가지 않도록 그는 하나님 앞에 섰다. 세상의 기준으로는 어리석은 결정을 한 것이다.

> 그들을 끌어안았다는 것은
> 그들을 먹여 살려야 했다는 것이고,
> 그들과 함께 산다는 것은
> 그들을 책임져야 했다는 것이다.
> 그럼에도 불구하고, 그렇게 결정했다.

더 놀라운 것은 여호수아서 10장에 보면, 여호수아가 병력을 동원하여 그들을 구하는 장면이 나온다. 병력을 동원했다는 것은 희생을 감수했다는 것이다. 그렇게 끌어안았다. 여호수아가 하나님께 여쭤보지 않고 그들과 화친을 맺은 것은 잘못한 일이다. 하지만 그 잘못이 계속되는 잘못으로 이어지진 않았다.

하나님 중심으로 사는 것
나는 우리의 인생이 누군가를 끌어안을 수 있는 인생이 되기를 바란다. 여호수아와 이스라엘이 기브온을 끌어안자 기브온이 변화되기 시작한다.

사람이 용서를 받으면 변화가 시작된다. 사람은 어떤 가르침 속에서 잘못을 지적받았을 때 변화되는 게 아니라 감동을 받고, 그 안에서 하나님의 임재와 용서를 체험할 때 변화되기 시작한다.

은혜 없이 살아갈 수 있는 사람이 어디에 있는가? 우리가 지금 이 자리에 있는 것도 다 은혜이다. 오늘도 하나님은 우리를 있는 모습 그대로 용서해주시고 끌어안아 주신다. 그 은혜로 우리가 살아가고 있는 것이다.

그렇다면 우리도 똑같은 마음으로 누군가를 대해야 한다. 우리의 주인이 하나님이시라면 주인이신 하나님의 성품이 우리 삶 속에 나타나야 하는 것 아닌가? 하나님의 성품은 끌어안는 것이다. 안아주는 것이다.

내게 어려움을 주는 사람들을 끌어안는 것이다. 때로는 이해할 수 없는 상사를, 직원을, 가족을 끌어안는 것이다. 때로는 왜 이런 일이 계속되는지 이해할 수 없는 내 앞의 상황을 끌어안는 것이다. 그래서 최악의 상황으로 가는 나쁜 선택을 그만두고 좋은 선택을 하기 시작하는 것이다.

한 가지 주의할 것이 있다. 우리가 끌어안는다고 해서 악한 유혹이나 죄악을 끌어안으라는 말은 아니다. 나쁜 상황에서 누군가를 원수로 삼아 최악의 상황으로 가지 말라는 것이지, 죄 자체를 끌어안으라는 말은 아니다. 이것을 기억하면서 영혼을 끌어안는 우리가 되기를 바란다.

누군가가 나에게 어려운 상황을 만들었다 할지라도 그를 하나님 중심으로 대하여 최악의 상황을 만들지 말자. 특히 하나님의 사랑이 필요한 사람, 하나님의 복음을 들어야 하는 사람들을 끌어안아 주자. 그래서 그들이 하나님을 알 수 있도록 하나님 중심의 삶을 살아내기를 바란다.

믿음도 마찬가지다. 믿음도 초반에 시험에 들 때가 있다. 그런 순간이 오면 하나님 앞에 딱 똑바로 서서 시험을 감당해야하는데, 그 순간을 못 견디고 극심한 상황으로 몰고 가는 사람들이 있다. 그러면 안그래도 연약한 믿음이 완전히 바닥을 치는 것이다.

정신을 차리고 최악의 상황으로 가는 나쁜 선택을 하는 것을 멈추자. 최악의 선택들이 연달아 일어나기 전에 하나님 중심으로 생각하고, 하나님이 기뻐하시는 선택을 하자.

하나님의 마음으로,
하나님 중심으로,
하나님의 뜻으로,
하나님이 원하시는 일을 행하는 것,

그것이 신앙생활이다.

　금식하고, 환상을 보고, 신비한 체험을 하는 것보다 더 중요한 것이 하나님 중심으로 살아가는 우리의 일상이다. 우리의 일상이 거룩해지는 것이 중요하다.

　그렇게 하나님의 주인 되심을 붙잡고 나아가는 하루하루가 되기를 축복한다.

PART 3

은혜 안에서,
헌신

6 기브온 사람들이 길갈 진영에 사람을 보내어 여호수아에게 전하되 당신의 종들 돕기를 더디게 하지 마시고 속히 우리에게 올라와 우리를 구하소서 산지에 거주하는 아모리 사람의 왕들이 다 모여 우리를 치나이다 하매 7 여호수아가 모든 군사와 용사와 더불어 길갈에서 올라가니라 8 그때에 여호와께서 여호수아에게 이르시되 그들을 두려워하지 말라 내가 그들을 네 손에 넘겨 주었으니 그들 중에서 한 사람도 너를 당할 자 없으리라 하신지라 9 여호수아가 길갈에서 밤새도록 올라가 갑자기 그들에게 이르니 10 여호와께서 그들을 이스라엘 앞에서 패하게 하시므로 여호수아가 그들을 기브온에서 크게 살륙하고 벧호론에 올라가는 비탈에서 추격하여 아세가와 막게다까지 이르니라 11 그들이 이스라엘 앞에서 도망하여 벧호론의 비탈에서 내려갈 때에 여호와께서 하늘에서 큰 우박 덩이를 아세가에 이르기까지 내리시매 그들이 죽었으니 이스라엘 자손의 칼에 죽은 자보다 우박에 죽은 자가 더 많았더라 12 여호와께서 아모리 사람을 이스라엘 자손에게 넘겨 주시던 날에 여호수아가 여호와께 아뢰어 이스라엘의 목전에서 이르되 태양아 너는 기브온 위에 머무르라 달아 너도 아얄론 골짜기에서 그리할지어다 하매 13 태양이 머물고 달이 멈추기를 백성이 그 대적에게 원수를 갚기까지 하였느니라 야살의 책에 태양이 중천에 머물러서 거의 종일토록 속히 내려가지 아니하였다고 기록되지 아니하였느냐 14 여호와께서 사람의 목소리를 들으신 이같은 날은 전에도 없었고 후에도 없었나니 이는 여호와께서 이스라엘을 위하여 싸우셨음이니라 15 여호수아가 온 이스라엘과 더불어 길갈 진영으로 돌아왔더라

chapter 9

소망을 향한 기대

하나님이 싸워주신다

앞 장에서 우리는 기브온 족속이 여호수아에게 투항하는 장면을 보았다. 여호수아는 자신을 속인 기브온을 받아주지 않아도 되었을 텐데, 긍휼의 마음으로 그들을 받아주기로 했다. 그렇게 기브온은 이스라엘을 주인으로 삼고 이스라엘의 종으로 살게 되었다. 이스라엘의 종으로 살더라도 자신들의 안전이 보호되는 것을 기뻐하는 관계가 시작된 것이다.

그 소식이 주변에 퍼졌다.

주변의 가나안 족속들은 이스라엘의 세력이 커지는 것을 경계하며 연합군을 형성했다. 당연한 일이다. 한 나라의 힘이 계속 강해지면, 그 세력과 동조하지 않는 자들은 힘을 모아서라도 그 세력을 견제하려고 한다. 연합군을 만든 가나안 족속들은 강력한 이스라엘 대신 기브온을 치기로 했다. 본문에는 여호수아가 그런 기브온 족속을 구해내는 장면이 나온다.

여호수아는 기브온을 정말 자신의 백성으로 생각하고 어떻게 해서든 그들을 살리려고 한다. 자신이 속았든 어쨌든 기브온과 화친을 맺고 약속을 했기 때문이다.

그런데 여호수아서를 보면 반복해서 등장하는 문장이 있는데, 그것은 '여호와께서 싸우신다'라는 것이다. '여호와께서 싸우신다. 내가 너의 싸움을 싸워준다. 내가 너를 대신해서 싸운다'는 내용이 반복해서 언급되고 있다.

이 책에서도 이미 여러 번 언급했듯이, 성경이 우리에게 핵심적으로 가르치는 주제 중 하나가 '하나님의 주인 되심'이다. 그리고 하나님이 주인 되셨을 때 우리 안에서 일어나는 모든 일을 하나님이 주도하신다는 것이다.

그런데 우리는 하나님이 주인 되시는 것도 좋고, 하나님이 전지전능하신 능력으로 내 싸움을 싸워주시는 것도 좋은데, 거기서 플러스알파가 이뤄지길 원한다. 하나님의 뜻만 이뤄지는 것이 아니라 내 뜻도 이뤄지기를 바라는 것이다. '이것도 좀 해주시지' 하며 하나님이 내 소원을 들어주시길 바라는 것이다.

하지만 그 방향으로 간다면
그것은 기독교가 아니다.
기독교는 하나님의 뜻이 이루어지는 것이다.

하나님의 뜻은 때로 우리에게 불편을 가져다주고, 어려움을 가져다준다. 그러나 그 상황 속에서도 하나님께서 우리에게 원하시는 것이 있다. 어떤 상황에서도 하나님이 주인 되시는 것이며, 하나님의 행하심을 우리가 목격하는 것이다.

교회에서 벽에 '감사의 나무'라고 꾸며서 거기에 감사제목을 적어놓은 적이 있다. 감사하려고 마음먹고 감사 조건을 생각해 보면 감사가 끝이 없다. 그런데 솔직히 얘기하면, 불평불만을 하려고 들면 그것도 끝이 없다. 그러니 인생은 항상 감사와 불평 그 갈림길에서 살아가는 것이다.

"우리는 그 갈림길에서 어떤 인생을 살아야 할까? 하나님이 원하시는 삶은 무엇인가?"

이 고민을 진지하게 해야 의미 있는 인생을 살 수 있게 된다. 하나님이 우리를 위해 싸우신다면, 그것이 여호수아서의 포인트라면, 항상 한계와 어려움을 느끼는 인생 속에서도 감사의 길을 선택할 수 있지 않겠는가? 늘 하나님이 함께하심을 경험하며 살아가면 감사가 끊이지 않는다.

은혜의 자리를 기억하라

위험에 처한 기브온 사람들이 길갈 진영에 있던 여호수아에게 도움을 청한다.

여호수아 10:6-8

기브온 사람들이 길갈 진영에 사람을 보내어 여호수아에게 전하되

당신의 종들 돕기를 더디게 하지 마시고

속히 우리에게 올라와 우리를 구하소서

산지에 거주하는 아모리 사람의 왕들이 다 모여

우리를 치나이다 하매

여호수아가 모든 군사와 용사와 더불어 길갈에서 올라가니라

그때에 여호와께서 여호수아에게 이르시되

그들을 두려워하지 말라 내가 그들을 네 손에 넘겨주었으니

그들 중에서 한 사람도 너를 당할 자 없으리라 하신지라

길갈은 여호수아와 이스라엘 백성에게 의미 있는 장소였다. 요단강을 건너서 그것을 기념하여 기념비를 세운 곳이 길갈이었고, 여호수아가 여호와의 군대 대장을 만난 곳도 길갈이었으며, 할례와 유월절을 지킨 곳도 길갈이었다. 길갈은 하나님의 은혜가 있었음을 기억하는 곳이고, 하나님의 회복을 기억하는 곳이며, 하나님의 만지심을 기억하는 곳이다.

길갈은 하나님이 우리를 회복시키시고 다시 세워주셨던 장소다. 충전을 의미하고 하나님의 위로를 의미한다. 재정비를 의미하고 하나님의 회복을 의미하는 곳이다. 우리 인생에도 재정비가 필요할 때가 있다. 그 재정비는 하나님이 해주시는 것이

다. 우리 삶의 혼잡한 일들과 어려운 일들을 하나님이 만져주셔야 한다. 그것을 통틀어서 은혜라고 한다.

그렇게 받은 복을 세어보면 받은 복이 정말 많다. 그래서 은혜가 충만하면 감사가 넘친다. 반대로 은혜가 떨어지면 불평이 많아진다.

하나님이 우리에게 원하시는 것은
은혜의 자리를 기억하고 감사하는 것이며,
앞으로도 은혜 주실 것을 감사하는 것이다.

우리가 불평과 불만 속에서 살 것인지, 감사와 은혜 속에서 살 것인지는 우리의 선택에 달렸다. 이 선택에 따라 '모든 것이 은혜'인 사람이 있고 '모든 것이 불평'인 사람이 있다.

아름다운 단풍을 보면서 어떤 사람은 "와, 아름답다. 예쁘다"라고 반응하는 한편, 어떤 사람은 "저 단풍을 보니 내 처지처럼 느껴져서 슬프네. 나도 저 단풍처럼 곧 떨어질 것 같아"라고 반응한다. 같은 상황에서 같은 것을 보아도 무엇을 선택하느냐에 따라 반응이 다르다.

감사와 불평은
상황에 따라 갈리는 것이 아니라

선택의 문제이다.

그래서 은혜의 자리를 기억하는 것은 매우 중요하다. 은혜의 자리를 기억하고 감사하는 것, 지나온 길을 감사하고 앞으로 행하실 일을 감사하는 것이 신앙에서 가장 중요하다. 그렇게 살아야 기쁨이 있고, 회복이 있다.

어디에 소망을 둘 것인가?

하나님이 여호수아와 함께해주시겠다고 말씀하셨지만, 이스라엘은 전쟁을 치러야 했다. 전쟁은 결과를 보장하지 않는다.

지금 러시아와 우크라이나 전쟁으로 많은 사람들이 고통 받고 있는데, 아마 침공했던 러시아도 전쟁이 이렇게 길어질 것이라고 예상하지 못했을 것이다. 며칠이면 승리하고 전쟁이 끝날 줄 알았겠지만, 막상 전쟁이 시작되자 우크라이나의 저항이 생각보다 거셌다. 승리가 보장된 전쟁은 하나도 없다.

우리의 인생도 똑같다. 우리의 미래 또한 보장된 것이 하나도 없다. 우리가 지금 어려움을 겪고 있다 해도, 그 어려움이 계속되진 않는다. 지금 평탄한 길을 걷고 있다고 해도 그 평탄함이 계속되지는 않는다. 어떤 것도 보장된 것이 없다.

이스라엘 백성은 강대했던 여리고 성에서는 승리했으나 그보다 작은 아이 성에서는 패배했다. 하나님과 함께할 때 승리했고 기쁨을 누렸으며, 자신의 힘으로 싸우려고 할 때 패배했고 절망에 빠졌다. 그것이 인생이다. 하나님이 함께하실 때 우리는 승리할 수 있으며 기쁨을 누린다. 하나님과 함께하지 않고 내 힘을 의지하면 패배를 맛볼 수밖에 없다.

그런데 종종 하나님이 함께하셔야만 승리한다는 것을 알고, 스스로는 하나님이 함께하신다고 생각하지만, 실제로는 그렇지 않을 때가 있다. 하나님과 함께하지 않으면서 하나님과 함께한다고 착각하는 결정들이 있다는 것이다.

이스라엘이 아이 성에 올라갔을 때 그들은 하나님과 떨어져 있다고 생각하지 못했을 것이다. 그런데 실제로 그들은 하나님이 아닌 자신의 생각을 의지했고, 아이 성에서 패배했다.

그래서 우리의 소망을 어디에다 두고 무엇을 붙잡고 사느냐가 매우 중요하다. 하나님이 우리의 유일한 소망이시다.

하나님을 기대하기에 감사가 있다

길갈은 하나님이 나와 함께하신 것을 기억하고, 또 나와 함께하실 것을 기대하는 곳이다. 이 기대가 있기에 감사할 수 있는 것이다. 하나님을 기억하는 것, 하나님의 행하심을 기억하는 것, 그래서 소망하는 것이 감사의 핵심이다.

하나님 앞에서 소망하고, 하나님의 뜻이 이루어지기를 기대할 때, 감사할 수 있는 것이다. 내 상황이 이래서 감사하고 저래서 감사할 수 없는 게 아니라, 하나님을 기대하기에 감사하는 것이다. 날이 어두우면 어두울수록 하나님께서 빛을 가져다주실 것을 믿는 것이다.

세상 사람들은 "하나님을 믿으면 밥 먹여주냐?"라고 비아냥거리지만, 하나님이 밥 주신다. 우리가 먹는 밥은 다 하나님께 나온 것이다. 다 하나님이 주신 것인데, 사람들이 알아채지 못하는 것이다. 이 사실을 믿으면 모든 것이 하나님의 은혜고, 감사다.

어려움을 당했다면 하나님을 체험할 것을 기대하라. 어려움이 있어야 체험이 있다. 영웅은 전쟁에서 나온다. 아무리 뛰어난 장군도 전쟁이 없으면 영웅으로 등극하지 못한다. 이순신 장군도 일본군이 쳐들어왔기에 뛰어난 장군으로 유명해질 수 있었다. 만약 전쟁이 없었다면 평화롭게 살다가 죽었을 것이다.

감사의 핵심은 하나님이 함께하심을 기억하고, 또 과거에 하나님이 함께해주셨던 것처럼 앞으로도 함께해주실 것을 믿고 기대하는 데 있다. 하나님이 싸워주심을 경험하고, 앞으로도 하나님이 싸워주실 것을 믿는 것이다.

그러니 우리 인생에 어려움이 찾아오면 하나님을 경험할 기회라고 생각하라. 고난이 하나님을 경험하는 시간으로 이어지고, 그 경험이 감사로 이어져야 고난이 우리에게 유익이 된다. 고난 중에 하나님을 바라보지 못하면 고난은 결코 우리에게 유익이 될 수 없다. 고난으로 망가진 사람이 얼마나 많은가?

우리가 선택하는 것이다. 우리가 기대와 감사를 선택하는 것이고, 또 우리가 불신과 불행을 선택하는 것이다. 하나님이 우리를 책임지신다는 것을 믿으라.

은혜를 기억하며 삶을 재정비하라

우리의 인생은 지금 재정비가 필요하다. 삶을 재정비하기 위해서는 은혜의 자리를 기억하고, 그 은혜의 자리에서 하나님 앞에 감사해야 한다. 감사에 힘이 있다. 길갈은 소망하는 곳이다. 재정비하는 곳이다.

어미 제비가 새끼 제비들에게 먹이를 가져다주는 사진을 본 적이 있는가? 어미 제비는 새끼 제비를 먹이기 위해 2,3분에 한 번씩 하루에 무려 350번이나 왔다 갔다 하면서 먹이를 나른다고 한다. 그런데 어미 제비가 어떤 새끼 제비에게 먹이를 주는 줄 아는가? 입을 가장 크게 벌리는 새끼 제비, 소리를 가장 크게 내는 새끼 제비의 입에 먹이를 넣어준다.

제비도 하루에 350번을 왔다 갔다 하면서 새끼를 먹이는데, 하물며 하나님은 우리를 어떻게 돌보시겠는가? 하나님이 우리를 먹이신다. 그 사실을 자연을 통해 가르쳐주고 계신 것이다.

하나님 앞에서 입을 크게 벌리고, 큰 소리를 지르라. 입을 크게 벌린다는 것은 기대하는 것이다. 그리고 소리를 지르는 것은 하나님 앞에 외치는 것이다. 간구하는 것이다.

"하나님, 저는 하나님 없이는 못 살아요. 하나님이 먹여주지 않으시면 저는 살 수가 없습니다. 제게는 하나님밖에 없습니다!"

인생을 재정비하라. 누구에게 입을 벌릴지 결정하라. 우리가 사람을 향해 입을 벌릴 수는 없지 않겠는가? 하나님이 하신 일을 기억하고, 앞으로 하실 일을 기대하라. 우리의 도움은 그분으로부터 온다.

평안함에 이르는 복

〈나의 아저씨〉라는 드라마가 있다. 그 드라마에 주인공으로 나오는 여자아이는 너무너무 어렵고 고단한 인생을 살고 있다. 자신에게 동정심을 가지고 친절을 베푸는 남자 주인공인 아저씨에게 그 여자아이는 "내 인생에 날 도와준 사람이 하나도 없었을 거라고 생각하진 마요"라고 말한다. 그러면서 네 번 이상 도와준 사람은 없었다고 한다. 사람들은 불쌍한 사람에게 네 번까지 잘해주면서 스스로를 착하다고 생각하더라는 것이다.

그 여자아이에게 처음으로 네 번 이상 잘해준 사람이 남자 주인공인 아저씨다. 아저씨의 도움으로 여자아이는 새로운 삶을 살게 된다. 드라마의 마지막 장면에 이런 대사가 나온다.

"편안함에 이르렀나?"

이 드라마에선 '편안함'이 굉장히 중요한 키워드로 나온다. 왜냐하면 여주인공은 그간 단 한 번도 편안하지 않았기 때문이다.

우리 인생도 고단하다. 그리고 피곤하다. 원죄 때문에 어쩔 수 없이 감당해야 하는 삶의 고통들이 있다. 그렇기 때문에 사람들은 위로와 위안, 회복, 평탄과 평안을 갈구한다. 사람이 줄 수 있는 최선의 것이 편안함이다.

하지만 하나님께서는
편안함 이상의 것을 주신다.
그것은 평안이다.

편안한 것은 인생이 조금 평탄해졌다는 것이지만, 평안은 우리의 영혼육, 내 마음의 모든 것이 누리는 평화다. 하나님의 약속은 평안으로 인도하시겠다는 것이다. 그 축복을 받는 비결은 '하나님과 함께하는 것'이다.

신앙은 우리를 평안으로 인도한다. 신앙은 절대로 우리를 불안으로 이끌지 않는다. 신앙생활을 하면서 불안해지면 그것은 무언가 잘못된 것이다. 기도해야 한다. 혼자서 해결하려 하지 말고 상담을 받고 도움을 받아야 한다. 그리고 하나님 앞에서 예배가 온전해지고 회복되어야 한다.

예배가 은혜가 안 되는데 자리를 지키는 것은 미련한 것이다. 우리는 은혜를 간구하고, 은혜를 기대해야 한다. 새끼 제비들처럼 입을 크게 벌리고 하나님의 은혜를 기대해야 한다. 소리 내어 하나님께 간구하고 외쳐야 한다. 하나님이 우리를 먹여주신다. 하나님이 우리의 인생에 평안함을 주신다.

평안함에 이르기 위한 지름길은 입을 크게 벌린 새끼 제비들처럼 하나님께 입을 크게 벌리고 감사의 모습으로 하나님을 찬양하는 것이다. 감사하며 찬양하는 인생을 하나님이 먹여주신다.

또 한 가지 기억할 것이 있다. 새끼 제비들은 자기 엄마가 가져다준 먹이 외에는 안 먹는다. 그러니 우리도 하나님이 주시는 것만 먹어야 한다. 하나님이 주시지 않은 것을 먹으면 안 된다. 세상의 것에 손대지 말라.

하나님이 주시지 않으면 배고파야 하는데, 그 배고픔을 내 손으로 해결해보겠다고 하다가 세상의 것과 타협해버린다. 그 러면 안 된다. 하나님의 인도하심을 따라가는 믿음의 사람이 되자. 그런 사람은 세상이 감당하지 못한다.

우리가 다 세상이 감당하지 못하는 하나님의 사람, 하나님 의 교회가 되기를 바란다. 우리는 교회답게 살아야 한다. 그러 면 감사가 넘친다. 감사가 넘치면 평안함이 따라오고, 그 평안 함 속에서 사람들이 우리를 바라볼 것이다.

'어떻게 하면 저렇게 살 수 있지?'

그렇게 바라보다가 우리 안에서 역사하시는 하나님을 보게 될 것이다. 전도로 이어지는 귀한 순간이다. 우리 삶에서 일상 을 통해 복음 전파가 이루어지는 귀한 하루하루를 살게 되기 를 바란다. 하나님의 함께하심이 넘치고, 하나님의 뜻이 넘쳐 서 새로운 시대를 여는 자들이 되기를 기도한다.

6 그때에 유다 자손이 길갈에 있는 여호수아에게 나아오고 그니스 사람 여분네의 아들 갈렙이 여호수아에게 말하되 여호와께서 가데스 바네아에서 나와 당신에게 대하여 하나님의 사람 모세에게 이르신 일을 당신이 아시는 바라 7 내 나이 사십 세에 여호와의 종 모세가 가데스 바네아에서 나를 보내어 이 땅을 정탐하게 하였으므로 내가 성실한 마음으로 그에게 보고하였고 8 나와 함께 올라갔던 내 형제들은 백성의 간담을 녹게 하였으나 나는 내 하나님 여호와께 충성하였으므로 9 그날에 모세가 맹세하여 이르되 네가 내 하나님 여호와께 충성하였은즉 네 발로 밟는 땅은 영원히 너와 네 자손의 기업이 되리라 하였나이다 10 이제 보소서 여호와께서 이 말씀을 모세에게 이르신 때로부터 이스라엘이 광야에서 방황한 이 사십오 년 동안을 여호와께서 말씀하신 대로 나를 생존하게 하셨나이다 오늘 내가 팔십오 세로되 11 모세가 나를 보내던 날과 같이 오늘도 내가 여전히 강건하니 내 힘이 그 때나 지금이나 같아서 싸움에나 출입에 감당할 수 있으니 12 그날에 여호와께서 말씀하신 이 산지를 지금 내게 주소서 당신도 그 날에 들으셨거니와 그 곳에는 아낙 사람이 있고 그 성읍들은 크고 견고할지라도 여호와께서 나와 함께 하시면 내가 여호와께서 말씀하신 대로 그들을 쫓아내리이다 하니 13 여호수아가 여분네의 아들 갈렙을 위하여 축복하고 헤브론을 그에게 주어 기업을 삼게 하매 14 헤브론이 그니스 사람 여분네의 아들 갈렙의 기업이 되어 오늘까지 이르렀으니 이는 그가 이스라엘의 하나님 여호와를 온전히 좇았음이라 15 헤브론의 옛 이름은 기럇 아르바라 아르바는 아낙 사람 가운데에서 가장 큰 사람이었더라 그리고 그 땅에 전쟁이 그쳤더라

chapter 10

더 많은 무게를 짊어지라

가나안 땅의 분배를 앞두고

여호수아가 이제 나이를 먹었다. 늙었고, 기력이 쇠한 상태다. 인생의 마무리를 향해 가는 시점이다. 여호수아와 이스라엘 백성은 여러 가나안 족속과의 싸움 끝에 가나안에 들어갔다.

여호수아서 14장은 가나안 땅에 들어간 이스라엘 백성이 땅을 분배하는 장면으로 시작한다. 그들은 지파별 인구의 수로 땅의 크기를 정하고 제비를 뽑아서 지역을 선택하는 방법으로 땅을 분배했다. 하나님이 모든 것의 주권자라는 것을 인정하기에 제비뽑기로 장소를 정하는 것이다. 이것은 민수기에서 정해진 법이다.

민수기 26:55,56

오직 그 땅을 제비 뽑아 나누어

그들의 조상 지파의 이름을 따라 얻게 할지니라

그 다소를 막론하고

그들의 기업을 제비 뽑아 나눌지니라

하나님이 모세를 통해 주셨던 지침이 그대로 이어지고 있었던 것이다. 만사를 주관하시는 하나님께서는 우리가 사는 곳, 우리가 만나는 사람, 우리 인생의 아주 작은 부분까지도 인도하신다는 고백이 이 말씀에 담겨 있다.

땅 분배를 앞두고 사람들은 어떤 생각을 했을까? 눈으로 보기에 더 좋은 땅을 갖고 싶고, 내가 원하는 곳으로 가고 싶다는 욕심이 있지 않았을까? 그런 생각이 드는 것은 어쩔 수 없다. 하지만 그런 탐욕을 다스리지 못하면 탐욕에 지배되는 인생을 살게 된다. 욕심에 이끌리는 인생을 살게 되면 만족이 없고, 만족이 없으면 행복해질 수가 없다.

디모데전서 6:6,8

그러나 자족하는 마음이 있으면

경건은 큰 이익이 되느니라 …

우리가 먹을 것과 입을 것이 있은즉

족한 줄로 알 것이니라

우리는 이 말씀대로 살아야 하는데, 만족이라는 것의 기준이 사람마다 다르다. 어떤 사람은 아무 옷이나 입어도 상관없는데, 어떤 사람은 유명 브랜드의 옷이나 명품을 입어야만 만족한다. 이렇듯 사람마다 만족을 누리는 기준은 다르지만, 자신이 처한 환경에서 자족할 줄 알면 경건에 큰 도움이 된다.

이 말씀이 전하는 메시지의 핵심은, 하나님이 우리를 주관하신다는 것과 그 하나님께서 주신 것으로 만족하라는 것이다. 만족하는 인생이 능력 있고 행복한 인생이란 것이다.

하나님이 모든 것을 주관하신다

예수님이 베들레헴에서 태어나셨듯이 우리가 지금 살고 있는 이 장소도 하나님이 우리에게 허락하신 장소이다. 우리가 예배드리는 처소도 하나님이 허락하신 곳이다. 하나님이 우리의 모든 것을 주관하신다는 사실을 믿어야 한다.

시편 127:1

여호와께서 집을 세우지 아니하시면

세우는 자의 수고가 헛되며

여호와께서 성을 지키지 아니하시면

파수꾼의 깨어 있음이 헛되도다

하나님이 우리를 보호해주시지 않고, 우리를 위하여 행해주시지 않으면 우리의 수고는 헛되다. 이 말씀으로 인생을 대하는 우리의 생각을 정리해야 한다.

'나는 하나님이 주신 것으로 만족한다. 하나님이 나를 보호하신다. 나는 혼자서 삶을 살아갈 수 없다.'

그렇다면 우리는 어떻게 살아야 하는가? 골로새서의 이 말씀대로 살면 된다.

골로새서 3:23,24

무슨 일을 하든지 마음을 다하여 주께 하듯 하고
사람에게 하듯 하지 말라
이는 기업의 상을 주께 받을 줄 아나니
너희는 주 그리스도를 섬기느니라

무슨 일을 하든 주께 하듯 하라고 하신다. 그런 사람에게 하나님이 '기업의 상'을 주신다고 하셨다.

여기 나오는 '기업'은 본문인 여호수아서 14장에 나오는 '기업'이란 단어와 동일한데, 사업을 뜻하는 것이 아니라 '유산'(inheritance)을 의미한다. 하나님이 우리에게 '유산의 상'을 주신다는 뜻이다. 우리의 평생에 땅과 하늘에서 우리를 인도하시고 먹이시는 분은 하나님이시다. 우리가 무슨 일을 하든 누구를 대하든 주께 하듯 한다면 하나님께서 유산의 상을 주신다. 이것이 성경의 핵심 주제다.

어려움 앞에서도 주께 순종하는 자

하나님이 우리의 주인이시라면, 우리 인생에 남겨진 숙제가 하나 있다. 그것은 어떤 난제 속에서라도 하나님 앞에 순종하는 것이다.

우리 삶에는 늘 어려운 문제가 있다. 힘든 일이 닥친다. 그런 어려운 문제들 속에서도 하나님 앞에 순종하는 것이 우리의 숙제며, 그렇게 순종하는 자에게 하나님이 복을 주신다.

마태복음 25:23

그 주인이 이르되 잘하였도다 착하고 충성된 종아

네가 적은 일에 충성하였으매

내가 많은 것을 네게 맡기리니

네 주인의 즐거움에 참여할지어다 하고

하나님은 하나님께 순종하는 자에게 "잘하였도다 착하고 충성된 종아"라고 칭찬하신다. 하나님께서 우리 삶을 보시며 이 말씀을 하시게 하라. 하나님으로부터 이 말씀을 듣는 역사가 우리에게 있기를 바란다.

성경은 고난에 대해서는 이렇게 말한다.

나로 말미암아 너희를 욕하고 박해하고

거짓으로 너희를 거슬러

모든 악한 말을 할 때에는

너희에게 복이 있나니

기뻐하고 즐거워하라

하늘에서 너희의 상이 큼이라

너희 전에 있던 선지자들도 이같이 박해하였느니라

이 말씀은 우리가 이 땅에서 어려움을 당하거나 누군가의 박
해를 당해도 그것이 우리에게 복이 되는데, 하늘에 상이 쌓이는
일이기 때문이라는 것이다.

하늘에 상을 쌓을 수 있는 방법은 두 가지다. 하나는 하나
님 앞에 드려지는 헌신을 통해서이며, 또 다른 하나는 박해를
통해서다. 사실 우리가 살면서 하나님을 위한 박해를 받을 기
회는 그리 많지 않다.

그러나 만약 그런 박해를 받게 된다면 그것이 하늘에 상급이
쌓이는 것임을 믿고 하나님을 붙잡고 나아가야 한다. 이것이

고난을 대하는 우리가 자세가 되어야 한다.

이 말씀을 기억하고 여호수아서 14장을 이해해야 한다.

삶의 목적, 하나님을 기쁘시게 하는 것

칼빈의 《기독교 강요》에 이런 내용이 있다.

"율법을 다 지켰다 할지라도 주님께서 요구하신 것 외에 다른 무엇을 더 행한 것이 아니라 오직 우리가 해야 마땅한 일을 했으므로 하나님 편에서는 그것에 대해서 별달리 감사해야 할 이유가 없다. 그런데 하나님은 우리에게 베풀어주신 그 선행을 우리 것이라 부르시며, 그것들이 주님께 합당할 뿐 아니라 그것들에 대해 상급이 주어질 것임을 증거하신다."

우리가 하나님 앞에 순종했다면, 그것은 마땅히 해야 할 일을 한 것뿐이라는 것이다. 그래서 하나님이 우리에게 무언가를 해주실 필요가 전혀 없는데도, 하나님은 그것을 기쁘게 여기셔서 선행이라고 말씀하시며 그에 대한 상급을 주신다고 한다.

하나님의 말씀을 중심으로
하나님을 기쁘시게 하는 일을 선택하고
하나님이 원하시는 일을 하는 것이
우리 삶의 목적이다.

내 한 몸 이끌고 나 하나 잘 먹고 잘 사는 게 우리 삶의 목적이 아니란 말이다. 우리는 하나님께 쓰임 받고 하나님을 기쁘시게 해야 한다.

하나님을 믿는 우리에게 하나님을 기쁘시게 하고 싶다는 마음은 다 있다. 그런데 어떻게 해야 하는 걸까? 그에 대응하는 사람이 본문에 등장한다. 바로 갈렙이다.

백전노장의 등장

갈렙은 여호수아와 다른 열명의 정탐꾼들과 함께 가나안을 정탐했었다. 우리가 이미 알고 있듯이, 다른 열 명의 정탐꾼은 가나안의 아낙 사람들을 보자마자 성경의 표현으로 간담이 녹았다. 한마디로 주눅이 잔뜩 든 것이다. 그래서 그 열명은 싸우면 안 된다고, 싸우면 우리가 반드시 진다고 했다. 하지만 하나님의 약속을 믿었던 갈렙과 여호수아는 "저들은 우리의 밥이다"라고 했다.

본문에서 만나는 갈렙은 더 이상 가데스 바네아에서의 팔팔했던 청년 갈렙이 아니다. 그때로부터 세월이 많이 흘렀으며, 이스라엘 백성이 가나안 땅에 들어왔다. 다른 열 명의 정탐꾼은 다 죽었고 여호수아와 갈렙만 남았는데, 여호수아는 기력이 많이 쇠하여졌고 갈렙은 아직까지 힘이 있었다.

이스라엘은 가나안 지역의 거의 모든 족속을 정복하고 통일 시켰지만, 아직 정복 못 한 곳이 남아 있었다. 그곳은 아낙 사람들이 사는 성이었는데, 그들은 매우 강했다. 강한 족속이니 아직까지도 남아 있었을 것이다.

그런 상황에서 땅의 분배가 이뤄지고 있으니, 이스라엘 사람들의 머릿속이 아주 복잡했을 것이다.

'우리 이만하면 됐지 않나? 우리가 살아갈 땅은 충분하니 이제 그만 싸우자'라는 사람들도 있었을 것이고, '그래도 저 땅을 그냥 둘 수 있을까? 저 땅까지 정복하는 게 좋지 않을까?'라고 고민하는 사람들도 있었을 것이다.

그때 갈렙이 나섰다.

"내가 갈게! 내가 싸울게!"

갈렙 정도면 직접 나서지 않았어도 된다. 편한 쪽으로 선택할 수도 있었다. 여호수아와 더불어 리더였고, 전적도 화려했으며, 세웠던 공도 많았다. 그런데도 불구하고 굳이 자신이 가장 어려운 길로 가겠다는 것이다.

만약 갈렙이 "나 때는 말이야 진격하면 하나님이 다 도와주셨어. 그러니 너희들도 나처럼 싸워!"라고 말만 하며 다른 사람의 등을 떠밀었다면, 그는 요즘 흔한 말로 '꼰대'가 됐을 것이다.

하지만 갈렙은 어른이었다. 갈렙은 "네가 해! 네가 싸워"라며 다른 사람의 등을 떠밀지 않고, "내가 갈게! 내가 싸울게!"

라며 직접 나섰다. 가장 어려운 선택을 하는 것이다.

그러면서 그가 한 고백이 이것이었다.

"이 산지를 내게 주소서!"

쉽지 않은 적이지만, 하나님이 이 산지를 다 주신다고 하셨으니 우리가 여기서 타협하면 안 된다는 것이다.

하나님의 뜻을 구하는 길

이 산지를 달라는 것은 나를 위해 내게 유익한 어떤 땅을 달라는 것이 아니라, 하나님의 뜻을 이루어달라는 요청이다. 하나님의 뜻은 이 모든 곳을 정복하는 것인데, 그 하나님의 뜻이 이루어지게 해달라는 것이다.

"이 산지를 내게 주소서!"
나의 욕심을 이루어달라는 것이 아니라
하나님의 뜻이 이 땅에 임하는 것을 갈망하는
어느 노장의 고백이다.

젊은 시절에 굉장히 헌신적이고 용감했던 사람도 나이가 들면 몸을 사리고 하나님의 뜻보다는 자신의 안위를 구하기 쉽다. 하지만 갈렙은 그러지 않았다.

이미 나이 팔십오 세의 노장인 그는 이때까지도 하나님 중심으로, 하나님을 기쁘시게 하기 위해 살았던 것이다. 그래서 "내가 가겠다. 내가 헌신하겠다. 내가 더 무거운 짐을 지겠다"라고 나선 것이다.

신앙은 내 욕망을 거스르는 것이다. 헌신은 내게 펼쳐지는 편안함을 거스르고 자기 자신을 내어놓는 것이다. 내 앞에 편안한 길, 내 욕망을 이룰 수 있는 길이 있음에도, 그 길을 거스르고 더 험하고 고난이 따를지라도 하나님의 뜻을 이루는 길을 걸어가는 것이다.

하나님 앞에 헌신하는 사람 안에 하나님의 뜻이 거한다. 하나님은 우리가 하나님의 뜻이 임하고 하나님의 역사가 일어나는 삶을 사는 헌신의 사람이 되기를 원하신다.

정답을 말하는 사람 vs 정답을 보여주는 사람

다른 사람에게 하나님이 원하시는 삶을 알려주면서 "내가 알려준 곳으로 가!"라고 하는 것이 아니라 하나님이 원하시는 삶을 스스로 보여주는 것이 헌신이다.

바리새인은 정답을 말했고, 예수님은 정답을 보여주셨다. 믿음은 정답을 보여주는 것이다. 정답을 말하기만 하는 바리새인을 예수님은 정말 싫어하셨다. 오히려 정답을 모르는 사람은 별로 안 싫어하셨다. 예수님이 가장 기뻐하시며 사랑하시는 사람은 정답을 보여주는 사람이다.

　신앙은 보여줘야 하는 것이다. 신앙은 남을 힘들게 하는 게 아니라, 하나님과 이웃을 기쁘게 하는 것이다. "옛날에 나 때는 그랬지"라고 말하며 뒤로 물러서는 것이 아니라 "지금도 나의 때야. 아직도 나는 싸울 수 있어. 하나님은 지금도 역사하셔"라고 고백하며 하나님의 역사하심을 삶으로 보여주는 것이다. 이것이 진정한 헌신이다.

"네가 가라"가 아니라
"내가 간다"가 헌신이다.
교회 안에 짐을 지는 성도들이 많아야
강력한 공동체가 된다.

　갈렙은 누군가에게 등 떠밀려서 나선 것이 아니다. 다 같이 모였을 때 누군가가 "갈렙이 적임자입니다. 경험 많은 갈렙이 가야 합니다"라고 등 떠민 것이 아니다. 아무도 안 가려고 할 때 "내가 가겠습니다. 이 산지를 내게 주소서"라고 고백하며 자진하여 나선 것이다.

　짐을 짊어져야 한다. 짐을 질 때 하나님이 산지를 주신다. 헌신할 때 산지를 주시는 것이다. 헌신할 때 하나님이 증거를 주

시고, 역사하여 주신다. 우리 인생 속에 하나님이 구체적으로
임재하여 주신다.

이 산지를 지금 내게 주소서

여호수아 14:11,12

모세가 나를 보내던 날과 같이

오늘도 내가 여전히 강건하니

내 힘이 그때나 지금이나 같아서

싸움에나 출입에 감당할 수 있으니

그날에 여호와께서 말씀하신 이 산지를 지금 내게 주소서

당신도 그날에 들으셨거니와 그곳에는 아낙 사람이 있고

그 성읍들은 크고 견고할지라도

여호와께서 나와 함께하시면

내가 여호와께서 말씀하신 대로 그들을 쫓아내리이다 하니

　　갈렙은 "이 산지를 지금 내게 주소서"라고 말하면서, 그 성읍
에 대해 설명한다. 그 성읍은 차지하기 어려운 곳이었다. 크고
견고한 곳이었으며, 그곳에는 열 명의 정탐꾼들이 보고서 간담
이 서늘해졌던 아낙 사람들이 살고 있었다.

그럼에도 불구하고 갈렙은 "하나님께서 나와 함께하시니 내가 가겠다. 지금까지 하나님이 함께하셔서 승리했듯이 이번에도 하나님께서 함께하심으로 승리할 것이다"라고 고백한다.

많은 크리스천이 "이 산지를 내게 주소서"라는 간구를 잘못 사용하는 경우가 있다. 이 기도는 축복을 달라는 기도가 아니다. 내가 어떤 일을 이루기 위해 산지를 달라는 것이 아니다.

하나님이 약속하신 땅이므로, 하나님의 뜻이 있는 땅을 하나님께 올려드린다는 의미에서, 하나님의 뜻이 이루어지게 해 달라며 "이 산지를 내게 주소서"라고 구하는 것이다. 하나님의 뜻이 이루어지기를 원하는 기도다. 하나님의 뜻을 이루기 위해 무거운 짐을 지는 것, 하나님의 뜻을 이루기 위해 헌신하는 것, 하나님의 뜻을 이루기 위해 기꺼이 그 길을 가겠다는 헌신의 기도다.

헌신의 아름다운 결과

스스로 "이 산지를 지금 내게 주소서"라고 나섰던 갈렙은 헤브론을 기업으로 받았다. 헤브론은 하나님 앞에 예배드렸던 장소였다. 헤브론을 기업으로 받고 갈렙은 전쟁에서 이긴다. 그 헌신으로 전쟁이 그 땅에서 끝난다.

여호수아 14:15

헤브론의 옛 이름은 기럇 아르바라

아르바는 아낙 사람 가운데에서 가장 큰 사람이었더라

그리고 그 땅에 전쟁이 그쳤더라

자신이 스스로 무거운 짐을 지는 갈렙의 헌신으로 말미암아 하나님께서는 산지만 주신 것이 아니라 평화도 주셨고, 다음세대가 평화롭게 살 수 있는 복까지 허락해주셨다. 짊어져야 될 짐을 짊어져야 한다. 그럴 때 하나님의 놀라운 역사와 축복이 임할 것이다.

공동체는 서로 짐을 함께 지는 것이다. 짐이 없어지는 게 아니다. 그 짐을 함께 짊어짐으로 하나님께서 원하시는 말씀을 붙잡고 나아갈 때 하나님이 임재하시는 역사가 있는 것이다. "구체적으로 말씀을 붙잡고 살아가게 하여 주시옵소서"라고 기도하라.

갈렙은 헌신으로 순종했고,

순종으로 헌신했다.

그 순종은 하나님을 향한 사랑의 표현이었다.

하나님을 사랑하며 순종이 가볍다.

하나님을 사랑하면 헌신이 기쁘다.

하나님을 사랑하면 그 짐이 무겁지 않다.

우리 신앙생활에도 그런 역사가 있기를 축복한다. 그래서 하나님이 주시는 복을 누리는 삶이 되길 바란다. 남의 헌신을 바라보면서 박수만 치는 것이 아니라, 다른 사람의 헌신의 열매를 누리기만 하는 것이 아니라 우리 자신이 그 헌신의 길을 가고 더 무거운 짐을 짊어지는 삶이 되기를 바란다.

사랑이 식었기 때문에 힘들다

장거리 연애를 하는 연인을 '롱디 커플'이라고 한다. '롱디 커플'이라고 하면 주변에서 너무 멀리 떨어져 있는데 괜찮냐고 걱정을 많이 해준다. 처음에는 오히려 멀어서 더 애틋하고 좋다고, 괜찮다고 한다. 그런데 시간이 조금 지나면 너무 멀어서 안 되겠다고 하면서 헤어진다. 그것은 거리 때문에 헤어진 것이 아니다. 사랑이 식은 것이다.

하나님을 향한 순종과 헌신의 태도도 그렇다. 하나님을 향한 마음이 뜨겁고 온전하면 그 짐이 무겁지 않다. 그 짐이 기뻐지고, 그 짐을 통해 하나님의 역사하심을 경험한다. 그 싸움에 다른 사람을 보내지 않는다. 체험을 통한 증거가 있기 때문이다. 하나님과 함께했을 때 하나님이 산지를 주시는 것을 경험한 사람은 절대로 비켜 가지 않고 돌아가지 않는다.

무거운 짐을 지고 하나님 앞에서 헌신하고 순종함으로 하나님이 주시는 산지를 체험하는 삶이 되기를 축복한다.

비켜 가지 말고 쉬운 길로 가지 말자.
아무렇게나 살지 말고
누군가를 위해 불편을 감수하자.
누군가를 위해 고생도 하고
누군가를 위해 헌신하며
누군가를 위해 희생하고
누군가를 위한 발걸음을 움직이자.
이것이 하나님을 향한 헌신이다.

내가 져야 할 짐을 지고 하나님께 헌신하라. 하나님 앞에 드리는 헌신이 구체적으로 나타나야 한다. 하나님을 향한 헌신 없이 쉽게 살아가는 인생은 믿음의 능력을 지탱하기가 어렵다.

이때 갈렙은 팔십오 세였다. 자기 입으로는 젊었을 때와 똑같이 강하다고 했지만, 똑같지 않았을 것이다. 그런데도 가겠다는 것이다. 상대는 젊었을 때도 버거웠던 아낙 사람이다. 그러나 하나님은 동일하시다. 그 동일하신 하나님이 나와 함께하신다. 그 하나님이 약속하신 땅이다. 그러므로 이것은 해야 한다는 것이다.

우리의 인생에서 그런 역사가 나타나야 한다. 그러한 역사가
나타나기 위해서 해야 하는 것이 헌신이다. 하나님 앞에서 짐
을 지고 헌신하라. 이것은 하나님이 약속하신 산지를 체험하기
위해 헌신하는 것이다. 우리가 제사가 되는 것이다. 우리가 예
배가 되는 것이다. 우리의 인생을 던지는 것이다.

보장된 것은 없어도 하나님이 계신 길

승리가 보장된 전쟁은 없다. 하나님이 함께 하신다고 해도
그 결과가 보장된 것은 아니다. 하나님이 나와 함께하시니 승
리한다는 믿음으로 나아가는 것이지, 승리가 보장된 것은 아니
다. 싸워봐야 아는 것이다.

그러니 이스라엘 백성들의 입장에선 굉장히 어려운 선택이다.
목숨이 아깝지 않은 사람이 없고 자신의 인생이 아깝지 않은
사람이 없는데, 갈렙은 그의 인생의 결론이 하나님의 뜻을 이루
는 것이었기에 헌신할 수 있었다. 하나님이 약속하신 산지를
받아서 하나님께 올려드리겠다는 것이다. 그리고 갈렙은 그렇
게 우리의 기억에 남게 되었다.

처음에 잘했다가 끝으로 가면서 변질되는 사람이 있는가 하
면, 끝까지 하나님만 바라보며 헌신하고 희생하고 불편을 감

수하는 사람이 있다. 하나님의 뜻을 이루기 위해 헌신을 하고 희생을 하고 불편을 감수하는 삶이 얼마나 희귀한가?

하나님의 뜻을 위하여 희생하는 사람, 하나님의 뜻을 위하여 불편을 감수하는 사람, 하나님의 마음을 기쁘시게 해드리기 위해 사는 사람이 되기를 바란다. 하나님의 마음을 붙잡고 살아가기를 바란다.

1 여호와께서 여호수아에게 말씀하여 이르시되 2 이스라엘 자손에게 말하여 이르기를 내가 모세를 통하여 너희에게 말한 도피성들을 너희를 위해 정하여 3 부지중에 실수로 사람을 죽인 자를 그리로 도망하게 하라 이는 너희를 위해 피의 보복자를 피할 곳이니라 4 이 성읍들 중의 하나에 도피하는 자는 그 성읍에 들어가는 문 어귀에 서서 그 성읍의 장로들의 귀에 자기의 사건을 말할 것이요 그들은 그를 성읍에 받아들여 한 곳을 주어 자기들 중에 거주하게 하고 5 피의 보복자가 그의 뒤를 따라온다 할지라도 그들은 그 살인자를 그의 손에 내주지 말지니 이는 본래 미워함이 없이 부지중에 그의 이웃을 죽였음이라 6 그 살인자는 회중 앞에 서서 재판을 받기까지 또는 그 당시 대제사장이 죽기까지 그 성읍에 거주하다가 그 후에 그 살인자는 그 성읍 곧 자기가 도망하여 나온 자기 성읍 자기 집으로 돌아갈지니라 하라 하시니라 7 이에 그들이 납달리의 산지 갈릴리 게데스와 에브라임 산지의 세겜과 유다 산지의 기럇 아르바 곧 헤브론과 8 여리고 동쪽 요단 저쪽 르우벤 지파 중에서 평지 광야의 베셀과 갓 지파 중에서 길르앗 라못과 므낫세 지파 중에서 바산 골란을 구별하였으니 9 이는 곧 이스라엘 모든 자손과 그들 중에 거류하는 거류민을 위하여 선정된 성읍들로서 누구든지 부지중에 살인한 자가 그리로 도망하여 그가 회중 앞에 설 때까지 피의 보복자의 손에 죽지 아니하게 하기 위함이라

chapter 11

그래도 베푸시는 은혜

도피성

본문은 도피성의 이야기다. 도피성에 관한 말씀은 출애굽기에서부터 등장하는데, 하나님은 가나안 땅을 약속해주실 때부터 도피성에 대해 설명하시고 그 필요에 대해 말씀하셨다. 그리고 드디어 가나안에 들어가 땅을 분배한 후에 다시 도피성에 대해 말씀하시며 확인하시는 것이다. 그때는 이미 도피성이 존재할 때였다.

도피성은 실수나 그럴 의도가 전혀 없었는데 부지중에 살인한 자가 피살자의 가족이나 친지로부터 피의 보복을 피해 도피할 수 있도록 마련된 성읍이다. 이곳에 피신한 자는 생명을 보호받으며 공정한 재판을 받을 수 있었다.

도피성으로 가는 길에는 '도피성'이라고 쓰인 팻말을 눈에 띄기 쉬운 길목에 설치하였으며, 길을 넓게 닦아 도피에 용이하게 했다. 전승에는 그 길의 폭이 14미터나 되었다고 한다. 그리고 어디서든 하루만에 이를 수 있도록(대략 48킬로미터 이내) 요단강 동편과 서편, 그리고 북부, 중부, 남부 등 여섯 지역을 구분하여 여섯 개의 도피성을 마련했다.

출애굽기 21:12-14

사람을 쳐죽인 자는 반드시 죽일 것이나
만일 사람이 고의적으로 한 것이 아니라
나 하나님이 사람을 그의 손에 넘긴 것이면
내가 그를 위하여 한 곳을 정하리니
그 사람이 그리로 도망할 것이며
사람이 그의 이웃을 고의로 죽였으면
너는 그를 내 제단에서라도 잡아내려 죽일지니라

하나님은 사람을 고의로 죽인 사람은 도피성으로 피했다 할지라도 재판을 통해 고의로 죽였다는 것이 드러나면 잡아내어 죽이라고 하셨다.

민수기 35장에는 도피성에 관한 말씀과 함께 고의적인 살인과 실수로 일어난 살인을 구분하는 사례들이 기록되어 있다. 예를 들어, 도구를 사용했으면 고의로 일어난 살인이고, 악의가 없이 어쩌다 사람을 밀치거나 사람을 보지 못하고 돌 같은 것을 던졌는데 사람이 죽었거나 하는 경우에는 실수로 일어난 살인이라는 것이다.

복수는 하나님께 맡겨라

　도피성은 복수를 막기 위한 하나님의 장치였다. 더 이상 피를 흘리지 않게 하라는 것이다. 더욱이 그때는 부족과 부족 간의 전쟁이 이어지던 시대였고, 사람을 죽이는 것이 어렵지 않던 시대였다. 오히려 누군가가 자신의 가족을 죽게 하거나 다치게 했는데 그 사람을 그냥 두면 그것은 미련하고 가족을 사랑하지 않는 것이라고 여기던 때였다. 그런 때에 하나님은 그마저도 하지 말라고 하시는 것이다.

　우리가 잘 아는 함무라비 법전의 근간인 "눈에는 눈 이에는 이"라는 말씀이 성경에 나오는데, 이 말씀은 흔히 생각하는 복수를 위한 말씀이 아니다. 보통 복수를 받은 만큼 하지는 않는다. 내가 받은 것의 몇 배나 더해서 갚는다.

　내가 눈을 다쳤다고 상대방의 눈만 다치게 하는 게 쉬운가? 막무가내로 때려서 몸 전체에 상해를 입히는 게 쉽지, 눈만 상하게 하는 것은 굉장히 어렵다. 따라서 이 말씀은 복수를 위한 말씀이 아니라 복수를 피하라는 말씀인 것이다.

　하나님은 우리가 복수하기를 원하지 않으셨다. 하나님은 그 일은 자신에게 맡기라고 하셨다. '네가 하려는 복수가 정당하다 할지라도 그 복수를 나에게 맡겨다오'라고 말씀하신다.

하지만 우리는 복수를 하나님께 맡기는 것이 쉽지 않다. 하나님이 시원하게 복수해주시면 좋겠는데, 하나님은 가만히 계시는 것 같을 때가 더 많기 때문이다. '저 사람은 얼른 망해야 하는데' 하는 사람이 있을 때, 하나님이 시원하게 망하게 해주시면 복수를 안 하는 것이 쉽다. 그런데 하나님은 가만히 계시는 것 같을 때가 더 많다. 오히려 성경이 "악인의 형통을 부러워하지 말라"라고 할 만큼, 악인들이 자꾸 형통한 것 같다.

하지만 그렇게 가만히 계셔주시는 하나님이시기에 우리가 살아 있는 것이다. 그런데도 우리는 우리가 산 것은 생각 못 하고 나에게 잘못한 사람에게 복수하고 싶어서 안달이다.

하나님은 살리기 원하신다

하나님은 우리에게 복수는 하나님께 맡기고 용서하라고 말씀하셨을 뿐 아니라, 그것이 잘 안 될 것을 아시고 그 생명을 살리기 위해 도피성을 마련해주셨다.

신명기 19:4,5

살인자가 그리로 도피하여 살 만한 경우는 이러하니
곧 누구든지 본래 원한이 없이

부지중에 그의 이웃을 죽인 일.

가령 사람이 그 이웃과 함께 벌목하러 삼림에 들어가서

손에 도끼를 들고 벌목하려고 찍을 때에

도끼가 자루에서 빠져 그의 이웃을 맞춰

그를 죽게 함과 같은 것이라

이런 사람은 그 성읍 중 하나로 도피하여

생명을 보존할 것이니라

도피성은 복수를 막는 곳이기는 하지만 자유를 주는 곳은 아니다. 도피성으로 들어가면 레위인들에게 지도를 받아야 했고, 대제사장이 죽기 전까지는 임의로 도피성을 나갈 수 없었다. 일종의 자택에 감금되어 있는 것과 비슷하다. 다만 그곳으로 들어가 복수를 피하게 하시고 생명을 지킬 수 있게 하셔서 그들이 회개하고 돌이킬 시간을 주시는 것이다.

도피성에 관한 말씀은 출애굽기부터 시작하여 신명기, 민수기, 여호수아서에 이르기까지 계속 나온다. 다 하나님은 우리를 살리기 원하신다는 메시지이다.

하나님은 우리를 살리기 원하시고,

그래서 우리가 살리는 사람이기를 원하신다.

우리를 살리신 하나님은 우리가 살리는 사람이길 원하시고, 살리는 말을 하기 원하신다. 우리가 어떤 사역을 하거나 모임을 할 때 거기서 오가는 대화가 하나님 앞에 기쁨이 되어야 한다. 살리는 말들이 오고 가야 한다.

아무리 긍휼의 사역을 행하고 좋은 일을 해도 그 안에서 오고 가는 대화가 공동체나 하나님나라에 선하지 않은 대화라면, 하나님은 그것을 기뻐하지 않으신다.

하나님은 우리가 재판장의 자리에 앉아서 형제를 판단하는 자가 되기를 원하지는 않으시지만, 우리가 거룩하고 분별 있는 사람으로 살기를 원하신다. 그래서 우리에게 기회를 주시고 우리를 살리시려는 것이다. 도피성의 메시지가 그것이다.

우리의 도피성 되신 예수님

살인을 저지른 죄인이라 할지라도 도피성으로 가면 생명을 건질 수 있었다. 우리의 도피성은 예수님이시다. 그러니 우리가 예수님께로 피하는 것이다. 도피성은 예수님의 예표이다.

'도피성'은 히브리어로 '받아들이는 성읍이다'라는 뜻인데, 우리를 받아주시는 분이 바로 예수님이시다. 하나님은 구약에서부터 우리를 받아주시고 우리와 함께해주시는 분인 예수님을 말씀하시고 가르쳐주셨다.

여호수아 20:2

이스라엘 자손에게 말하여 이르기를
내가 모세를 통하여 너희에게 말한 도피성들을
너희를 위해 정하여

여기서 하나님은 "도피성들을 너희를 위해 정하여"라고 하셨는데, '정하여'의 히브리어인 '나탄'은 사물에 쓰이는 단어가 아니라 사람에게 쓰이는 단어다. 놀랍게도 하나님은 도피성을 사물이 아니라 사람인 것처럼 칭하신 것이다. 이는 우리의 궁극적인 도피성이 예수님이시라는 뜻이다. 예수님은 우리가 어떤 죄를 지어도 도망갈 수 있는 도피성이 되어주신다.

실수라 할지라도 사람을 죽이고 도피성에 갔다고 해서 내가 지은 죄가 없어지는 것은 아니다. 목숨은 건졌지만 임의로 도피성을 나갈 수는 없었다. 자유와 권한을 빼앗기게 된다. 그런데 대제사장이 죽으면 자유의 날이 선포되어 집으로 갈 수 있었다.

우리의 대제사장은 예수님이시다. 예수님의 죽으심으로 우리는 다 자유를 얻고 본향인 천국으로 갈 수 있게 되었다. 예수님의 죽음은 그런 것이다. 구약의 도피성 메시지는 전체적으로 복음을 예표한다. 예수님이 우리를 이렇게 살려주시고 보호하시고 본향으로 보내주실 것이란 사실을 보여주는 것이다.

〈도망자〉라는 영화가 있다. 이 영화의 주인공은 처음부터 끝까지 도망만 다닌다. 계속 도망을 가다가 마지막에 그 도망자를 추적하던 경찰에 의해 무죄라는 것이 밝혀지고 끝난다. 우리의 인생도 그렇다. 사탄의 공격에 쫓기고 세상에 쫓기고 어려움에 쫓기고 재정에 쫓기고 자녀 교육에 쫓긴다. 그런데 우리가 쫓기던 이 모든 추격의 줄을 끊어주신 분이 예수님이시다. 그분이 우리의 진정한 피난처, 도피성이 되신다.

하나님은 도피성으로 향하는 길을 넓게 만들어두셨고, 표지판도 아주 크게 써서 표시해두라고 하셨다. 그것이 하나님의 마음이다. 예수님에게로 가는 길은 어렵지 않다. 그저 "예수님!" 하고 부르면 된다. 예수님이 "나는 길이요 진리요 생명"이라고 말씀하신 것처럼 우리는 예수님께 가면 생명을 구할 수 있다.

새로운 도피성

그리고 우리의 피난처로서 우리를 받아주신 예수님은 우리가 거기서 멈추지 않고 우리 자신이 누군가의 피난처가 되어주기를 바라신다.

하나님은 처음 가나안에 여섯 개의 도피성을 세워주셨는데, 지금은 다 사라진 상태다. 하지만 하나님은 이 땅에 교회를 세워주셨다. 교회가 도피성이 되어야 한다는 것이다.

하나님은 우리를 교회로 부르셨다. 예수님의 몸 된 교회. 그러니 우리가 도피성으로 살아야 하는 것이다. 이 사실을 사명적으로 받아들여야 한다. 대체로 우리가 신앙생활을 하면서 잘못 생각하고 있는 부분이, 사역이 나를 대변해주리라는 것이다. 그래서 열심히 봉사하고 사역하지만, 정작 하나님이 우리에게 맡겨주신 사명을 감당하는 데는 소홀하다. 사역 자체가 사명이 아니다.

하나님은 우리가 정말로 힘이 없고 약한 사람의 도피성이 되어주길 바라신다. 그리고 우리의 궁극적인 도피성이신 예수 그리스도를 가리키는 표지판으로서 살기를 바라신다. 도피성으로 가는 길목마다 눈에 잘 띄게 표지판을 세워두셨던 것처럼 우리 자신이 예수님을 가리키는 표지판으로 예수님에게 가는 길을 안내해야 한다.

우리는 살면서 내가 피할 도피성을 찾기만 했다. 하지만 교회로 부름받은 우리가 누군가의 도피성이 되어주어야 한다.

당신은 누군가의 도피성으로 살아본 적이 있는가?
당신은 누군가를 받아들이고 받아준 적이 있는가?
오갈 데 없는 사람을 받아주고
힘이 없고 약한 사람의 편에 서본 적이 있는가?

우리는 도피성의 문제를 '우리가 피할 곳, 그 도피성은 예수님이야'라는 것을 깨닫는 데서 끝나면 안 된다. 도피성의 과제를 오늘날 우리에게 주셨다는 사실을 알자. 우리 자신이 사람을 살리는 자로 서야 하는 것이다.

사람을 살리는 자들이 되라

그래서 우리의 언어가 살리는 언어여야 한다. 우리 공동체에서 오고 가는 말들이 살리는 말들이어야 한다. 사역을 한다고 모였는데 오가는 말들이 온통 불평하는 말들이라면, 하는 일이 아무리 선한 일이어도 그 사역 자체가 잘못된 것이다. 그러한 일을 차단하는 사람이 없다면 리더부터 잘못된 것이다. 회개하고 돌이켜야 한다. 도피성으로 안내하는 표지판으로, 또 도피성 자체로 살리는 자들이 되어야 한다.

말을 조심하라. 생각을 조심하라. 언어와 생각은 같이 간다. 사람들이 이런 말을 한다.

'나는 말은 이렇게 해도 마음은 안 그래요.'

아니다. 마음이 그래서 말이 그런 것이다. 모든 죄악은 생각에서부터 시작한다. 그래서 죄 된 생각이 드는 것은 어쩔 수 없지만 그 생각이 지속되지 않도록 빨리 차단해야 하는 것이다. 그런데 그 생각을 차단하지 못하면, 그 죄 된 생각이 말이 되어

나온다. 말까지 나왔는데도 차단이 안 되면 이미 죄를 지은 것이다.

힘을 주는 말을 하라. 대화하는 사람에게 항상 힘을 주는 사람이 되라. "저 사람과 대화를 하면 항상 은혜가 돼. 내가 성장해. 기도하게 돼" 이런 말을 들어야 한다.

반대로 "저 사람하고만 대화하면 영적으로 항상 다운이 돼"라는 말을 듣는 사람이 되면 절대로 안 된다. 우리가 그런 말을 듣는다면 우리가 행한 선한 일도 망한 것이다. 왜냐하면 우리 한 사람 한 사람이 교회로 부름 받은, 사람을 살려야 하는 자들이기 때문이다.

예수님은 우리를 받아주셨고 살려주셨다.
우리도 누군가를 받아주고 살려야 하는 사명이
그날부터 생겼다.
죽이지 말고,
죽이는 언어를 사용하지 말고,
살리는 사람이 되며,
살리는 생각 속에 살아가야 하는 것이다.

형제의 피난처가 되어주라

지금 도피성에 관한 메시지를 살펴보고 있는데, 사실 우리 중에 실수로라도 사람을 죽여본 사람은 거의 없을 것이다. 그런데 성경은 이렇게 말한다.

요한일서 4:19-21

우리가 사랑함은 그가 먼저 우리를 사랑하셨음이라

누구든지 하나님을 사랑하노라 하고 그 형제를 미워하면

이는 거짓말하는 자니

보는 바 그 형제를 사랑하지 아니하는 자는

보지 못하는 바 하나님을 사랑할 수 없느니라

우리가 이 계명을 주께 받았나니

하나님을 사랑하는 자는 또한 그 형제를 사랑할지니라

우리가 형제를 사랑하지 않고 미워하면 그것은 죄라는 것이다. 하나님을 사랑하는 자가 아니라는 것이다. 우리 중에 한 번도 누군가를 미워해본 적이 없는 사람이 있나? 그것은 인간으로서는 불가능한 일이다.

그러면 우리가 사랑해야 하는 이 '형제'는 누구인가? 우리 가족인가? 함께 교회에 다니는 교인인가? 내가 만나는 사람들을 어떻게 다 사랑하겠는가? 그리고 오는 말이 고와야 가는 말도 고운 것 아닌가?

　이런 생각들이 꼬리에 꼬리를 물 때 이렇게 정리하면 된다. '예수님이 나에게 어떻게 해주셨으면 좋을까?'라는 생각으로 접근하라. 우리는 아무리 죄악을 저질러도 예수님께 나아가 이렇게 고백하면 되는 줄 안다.

　"주님, 죄송해요. 잘못했어요. 용서해주세요."

　그런 주님이 우리에게 뭐라고 말씀하셨는가?

　"용서하라."

　베드로가 예수님께 "얼마나 용서해야 하나요?"라고 물을 때 예수님은 "일곱 번씩 일흔 번이라도 용서하라"고 하셨다. 숫자 세지 말고 많이 용서하라는 말씀이다.

　예수님께 나아가 늘 용서받는 우리는 우리의 형제를 용서해야 한다. 그들을 품어주고, 그들의 도피성이 되어주어야 한다.

　용서한다는 것은 쉬운 일이 아니다. 영적으로 큰 내공이 필요한 일이다. 그래서 매일 기도해야 하고, 매일 성경을 읽어야 하고, 매일 감사해야 하는 것이다.

하나님이 주신 도피성이란 숙제

　하나님께 기쁨이 드려지는 제사라는 의미에서 우리의 삶은 영적 제사가 되어야 하는데, 그러기 위해서는 하나님의 사랑으로 이 땅의 누군가에게 도피성이 되어주어야 한다. 사실 솔직히 말해서 우리가 모든 사람의 도피성이 되어주기는 어렵다. 모든 사람을 다 끌어안는 것은 어렵다.

그러나 우리가 맞닥뜨리는 누군가, 내가 자꾸 부딪히는 그 누군가는 하나님이 우리에게 주신 숙제라고 생각하라. 유난히 부딪히고 유독 힘든 사람이 있다면 '저 사람은 나의 숙제야. 내가 저 사람의 도피성이야'라고 생각하는 것이다.

그렇게 내가 맞닥뜨리는 누군가를 나의 숙제로 여기고 그를 포용할 수 있는 성숙함이 있는 크리스천이 되기를 바란다. 절대 거꾸로 누군가의 숙제가 되는 인생이 되면 안 된다. 예수님이 도피성의 본으로 이 땅에 오셨고, 구약에서부터 도피성 메시지를 주심으로써 하나님이 우리에게 갖기를 바라시는 마음은 이런 것이다.

'내가 누구라도 하룻길 안에 도망가서 피할 수 있도록 여섯 곳에 도피성을 만들었잖아. 그 길도 넓고 편하게 만들었잖아. 사실은 네가 도피성이 되길 원해. 네가 도피성으로 향해서 도망 가는 인생이 아니라, 나의 자녀인 네가 누군가의 도피성이 되어주길 원해.'

이 말씀은 우리 모두에게 부담이다. 지금 당신이 부담스러워하는 누군가가 있을 수도 있다. 그 사람이 어쩌면 당신의 숙제인지도 모른다. 당신을 그의 도피성으로 부르신 것인지도 모른다. 나를 힘들게 하는 그 사람에게 똑같이 행함으로 복수하는 자가 아니라 용서하고 넘어가는 것, 그 사람의 피난처가 되어주는 것이 하나님이 우리에게 주신 숙제인 것이다.

피난처로 가는 길은 넓었다.
피난처로 가는 길은 모든 사람이 아는 길이었다.
예수님의 길도 그렇다.
그리고 우리에게로 오는 길도
넓고 쉬운 길이길.

우리의 피난처 되시는 예수님께 도망가는 것으로 끝내지 말고, 예수님이 주신 사명을 따라 내게 허락하신 누군가의 도피성이 되어주는, 사명으로 움직이는 하나님의 자녀들이 되기를 바란다.

여호수아 24:19,20

19 여호수아가 백성에게 이르되 너희가 여호와를 능히 섬기지 못할 것은 그는 거룩하신 하나님이시요 질투하시는 하나님이시니 너희의 잘못과 죄들을 사하지 아니하실 것임이라 20 만일 너희가 여호와를 버리고 이방 신들을 섬기면 너희에게 복을 내리신 후에라도 돌이켜 너희에게 재앙을 내리시고 너희를 멸하시리라 하니

chapter 12

당신을 향한 은혜와 사랑

여호수아의 유언

여호수아서 23장, 24장은 여호수아의 유언이다. 23장은 여호수아가 이스라엘 백성들 중 리더들에게 말하는 내용이고, 24장은 백성에게 말하는 내용이다. 누군가에게 유언으로 남긴다는 것은 자신이 가장 중요하게 생각하는 내용일 것이다.

여호수아는 24장 1절부터 13절까지는 하나님이 어떻게 우리를 인도해주셨는지를 설명한다. 모든 내용이 '하나님이 행하셨다, 하나님이 역사하셨다, 하나님이 붙잡아주셨다'는 것을 알리는 데 중점이 있다.

지금까지 하나님이 도와주시고 역사해주셨는지를 전하는 가운데 14,15절에서는 사뭇 다른 이야기를 한다.

여호수아 24:14,15

그러므로 이제는 여호와를 경외하며

온전함과 진실함으로 그를 섬기라

너희의 조상들이 강 저쪽과 애굽에서 섬기던 신들을

치워버리고 여호와만 섬기라

만일 여호와를 섬기는 것이 너희에게 좋지 않게 보이거든

너희 조상들이 강 저쪽에서 섬기던 신들이든지

또는 너희가 거주하는 땅에 있는 아모리 족속의 신들이든지

너희가 섬길 자를 오늘 택하라

오직 나와 내 집은 여호와를 섬기겠노라 하니

여호수아는 이스라엘 백성을 향해 '너희는 하나님을 섬겨라. 만약 하나님을 섬기지 않겠다면 네 마음대로 살아라. 하지만 나는 여호와 하나님을 붙잡을 것이다'라고 말했다. 이 부분이 상당히 의미가 있다.

이 같은 여호수아의 말에 백성들은 이렇게 대답한다.

여호수아 24:16

백성이 대답하여 이르되

우리가 결단코 여호와를 버리고

다른 신들을 섬기기를 하지 아니하오리니

백성들은 '아니요. 우리도 절대로 하나님을 버리지 않을 것

입니다. 우리도 하나님을 붙잡고 살 것입니다'라고 말했다. 그러자 여호수아는 그 대답을 흡족하게 여기며 '좋다. 꼭 그렇게 살아라'라고 하지 않고 19절에서 아주 강하게 말한다.

여호수아 24:19

여호수아가 백성에게 이르되

너희가 여호와를 능히 섬기지 못할 것은

그는 거룩하신 하나님이시요

질투하시는 하나님이시니

너희의 잘못과 죄들을 사하지 아니하실 것임이라

여호수아는 백성들의 결단을 듣고도 '너희는 여호와를 섬기지 못할 거야. 너희는 하나님을 섬길 수 있는 자가 아니야'라고 얘기하는데, 여기서 강조점은 이스라엘 백성이 하나님을 섬기지 못하는 자라는 데 있는 것이 아니라 결단만 가지고는 결코 하나님을 섬길 수 없는 자들이라는 데 있다.

결단만 가지고는 안 된다

우리는 살아가며 결단을 얼마나 많이 하는가? 매년 연말이 되고 새해가 되면 수많은 계획을 세우고 결단을 한다. 그렇게 매해 살았다면 지금 얼마나 성숙하고 훌륭한 사람들이 되어 있 겠는가? 하지만 여전히 계속 비슷한 모양이다. 우리는 결단하 고 생각하는 대로 잘 살지 못하는 자들이기 때문이다. 인생이 우리가 마음먹은 대로 펼쳐지면 좋을 텐데, 그러지 못하는 것이 인생이다.

그렇기 때문에 여호수아는 '우리가 하나님만을 섬기겠다'는 백성들의 다짐에도 불구하고 '너희는 하나님을 섬길 수 없어. 너희는 하나님을 섬길 수 있는 자들이 아니야'라고 말하는 것 이다.

우리는 결심과 결단으로
하나님을 섬기는 것이 아니라
하나님의 은혜로 하나님을 섬긴다.

우리를 먼저 사랑해주시고 안아주시고 우리를 향해 다가와 주신 하나님의 그 한량 없는 은혜가 우리를 살리고 붙잡아주시 는 것이다.

우리는 하나님의 은혜가 필요한 자들이다. 하나님의 사랑이 필요한 자들이다. 하나님이 우리를 붙잡아주셔야 하고 하나님 이 우리를 받아주셔야 하는 존재들이다. 하나님이 만져주지 않 으시면 우리는 하나님을 섬기는 것이 불가능한 자들이다.

어둠을 뚫고 예수님이 오셨다

결국 하나님을 섬기겠다고 했던 이스라엘 백성의 약속은 오래가지 못했다. 여호수아의 시대가 끝나고 어둡고 혼란한 사사 시대가 열린다. 이전 세대가 알았던 여호와를 알지 못하는 다른 세대가 일어난, 이스라엘의 역사 속에서 가장 암흑과 같은 시대가 열린 것이다.

그런 어둠에도 불구하고 예수 그리스도께서 이 땅에 오셨다. 절망과 슬픔과 아픔 속에 빠져 있는 인생들을 구하고자 예수님이 이 땅에 오셨다.

삶 속에서 날마다 결단하고 결심하지만 그렇게 살지 못하는 우리를 향해 '내가 너 죽는 꼴은 못 본다'라고 하시며 예수님이 친히 오셔서 사랑과 은혜로 붙잡아주신 것이다.

예수님은 나의 죄를 위해, 나를 살리시려고 이 땅에 오셨다. 아무리 결단해도 하나님을 섬길 수 없었던 우리를 위해 오신 것이다.

그렇다면 우리가 어떤 태도를 보여야 할까?

'어떻게 하면 우리도 하나님을 더욱 사랑할까? 어떻게 하면 하나님을 붙잡을 수 있을까?'

우리는 하나님을 더욱 사랑해야 한다. 이 땅에 오셔서 나를 대신하여 죽으실 만큼 우리를 사랑하신 하나님만을 섬겨야 한다. 물론 결단만으로 안 되는 일이다. 하지만 약한 우리를 오늘도 붙잡아주시는 예수님의 은혜를 의지하여 하나님만을 섬기기로 우리의 태도를 정해야 한다.

치워야 할 것을 치우라

본문을 보면 아주 놀라운 사실이 하나 있다. 하나님의 도우심으로 수많은 전투를 치르며 하나님의 땅 가나안에 들어왔는데, 이스라엘 백성의 삶을 보니 아직도 그들 가운데 우상들이 있었다. 그래서 여호수아는 그 우상들을 치우라고 말한다.

여호수아 24:14

그러므로 이제는 여호와를 경외하며
온전함과 진실함으로 그를 섬기라
너희의 조상들이 강 저쪽과 애굽에서 섬기던 신들을
치워버리고 여호와만 섬기라

그토록 놀랍고 위대한 하나님의 역사 속에서도 아직까지 우상을 숭배하는 사람들이 있었다니, 너무 충격적인 일이다. 그런데 이런 모습이 우리에게도 있다. 하나님의 은혜로 하루하루를 살아가면서도 우리의 삶 속에 하나님이 아닌 다른 것을 섬기는 모습이 있다.

치워야 할 것을 치워야 한다.

그래야 새롭게 될 수 있다.

우리 마음속에서 치워야 할 것을 치우고, 생각 속에서 버려야 할 것을 버리라. 인생 속에서 버려야 할 것은 버리고, 삶에서도 너무 많은 것들을 쌓아두지 말고 버려야 할 것을 버리고 정리 하는 태도가 필요하다.

예수님은 우리의 생명을 위해 오셨다

하나님 앞에서 우리는 죽을 수밖에 없는 자들이다. 하나님 의 놀라운 은혜와 인도하심 속에서도 우상을 섬겼던 이스라엘 백성들처럼 하나님의 은혜 속에서 살면서도 여전히 우상을 섬 기고 죄를 짓는 어리석은 자들이다. 하지만 우리를 위해 오신 분이 계신다.

요한일서 2:1

나의 자녀들아

내가 이것을 너희에게 씀은

너희로 죄를 범하지 않게 하려 함이라

만일 누가 죄를 범하여도

아버지 앞에서 우리에게 대언자가 있으니

곧 의로우신 예수 그리스도시라

우리가 죄를 범하여도 우리에게는 대언자가 계신다. 예수 그리스도는 우리의 생명을 살리러 오신 분이다. 그분이 하나님 앞에서 우리를 위해 대언해주신다.

성경을 보면 예수님을 따랐던 많은 제자들이 나온다. 그중에 우리가 잘 아는 베드로가 있다. 베드로는 예수님께 아주 멋진 고백을 드린다.

"주님은 살아 계신 하나님의 아들이십니다."

베드로의 대답에 예수님이 엄청난 칭찬을 하신다.

"바요나 시몬아 네가 복이 있도다. 이를 네게 알게 한 분은 하늘에 계신 하나님이다. 내가 반석 위에 교회를 세울 것이다."

예수님 옆에 있던 베드로는 훌륭한 고백도 많이 하고, 예수님을 위해 나서기도 하며 뭐든 다 할 수 있을 것 같았다. 하지만 눈앞에서 예수님이 체포되시자 작은 소녀가 "당신이 예수를 따라다니는 것을 내가 봤다"라고 하는 말에 두려워 떨며 예수님을 세 번이나 부인했다. 그리고 닭이 울자 깨달았다.

'예수님이 말씀하신 대로 내가 예수님을 배신했구나.'

그리고는 실패자 중의 실패자의 모습으로 고향으로 내려가 버린다.

고향에서 다시 물고기를 잡아보지만 물고기도 잘 잡히지 않고 재미도 없었다. 그런데 그곳에 예수님이 오셨다. 예수님은 다른 말씀은 안 하시고 "배고프니? 앉아라. 밥 먹자" 하시며 밥을 주신다.

그렇게 베드로와 식사를 하시며 예수님이 이런 말씀하신다. "베드로야, 네가 내 양을 먹여라."

베드로는 그때쯤 이미 알았다. 예수님이 목숨과 바꾸신 양을 자신에게 맡기신다는 것을. 예수님은 '나는 너 죽는 꼴은 못 본다. 내가 대신 죽는다'라고 하시며 대신 죽으셨다. 그렇게 우리의 생명을 살리셨고, 그렇게 목숨과 바꿔서 살린 양들을 우리에게 맡기신 것이다.

그런 예수님의 말씀으로 베드로가 사역을 하게 된다. 전해져 내려오는 얘기에 따르면, 베드로는 순교를 하면서 십자가에 거꾸로 못 박혀 죽었다고 한다.

평생 주님을 붙잡고 주님이 주신 사명을 감당하며 살다가 십자가에 달리게 되었을 때, 그는 기뻐했을 것 같다.

'다행이다. 내가 주를 위해 죽게 되다니. 나같이 주님을 배신했던 사람이 어떻게 예수님과 똑같이 달려 죽어. 나는 거꾸로 매달리겠다.'

베드로의 그 죽음은 정말로 주님을 향한 마음이었을 것이다.

하나님의 사랑은 배신할 줄 아는데도
사랑하시는 것이다.
또 다시 배신할 것을 아는데,
그래도 믿어주고 사랑해주시는 것이
하나님의 사랑이다.

느지막이 자녀를 둔 늦둥이 부모들은 아이를 바라만 봐도 어쩔 줄 모르고 너무 예쁘고 사랑스럽다. 그 아이가 말썽을 부리고 속을 썩여도 부모에게는 여전히 너무 예쁘고 귀한 자녀다.

하나님의 사랑은 자녀를 향한 부모의 사랑을 뛰어넘는다. 우리를 그저 바라만 보는 걸로도 너무 기뻐하시고 사랑과 은혜를 넘치게 주고 싶어 하시는 분이 하나님이시다. 우리 죽는 꼴은 못 보시겠다고 목숨까지 주고 구해주신 하나님의 그 은혜와 사랑을 붙잡고 살아야 한다.

사명으로 반응하라

그러면 우리는 어떻게 살아야 될까? 하나님이 우리를 부르시고 살리셨다는 것, 하나님이 우리를 사랑하시며 오늘도 우리를 붙잡고 계시다는 사실을 믿는 우리는 하나님 앞에서 사명으로 반응해야 한다. 사명으로 반응하고 사명자로 살아야 한다.

세상의 것에 마음 빼앗기지 말고 세상의 것에 맛 들리지 말자. 예수님을 세 번이나 부인하고 더 이상 예수님을 위해 살 수 없을 것 같았던 베드로를 찾아가주셔서 그를 사도로 세우신 예수님이 우리도 그렇게 세우실 것을 믿기 바란다.

십자가는
끝까지 부인한 베드로를 위함이고
부활은
베드로를 사도로 세우기 위함이다.

예수님의 부활은 우리를 사명자로 세우고, 그분이 우리와 함께하셔서 우리를 승리의 길로 인도해주신다.

우리가 살아가는 동안 많은 일이 생긴다. 경제학자들은 "내년엔 더 어려울 것이다"라고 예측한다. 아마도 그 예측이 맞을 것이다. 그러나 내가 예언하는데, 아무리 어렵더라도 우리는 내년에도 세 끼 밥 잘 먹고 잘 살 것이다. 하나님이 주시는 것 안에서 누리면 된다. 어려우면 줄이면 된다. 우리는 사명자로 사는 것이다.

십자가에 달리신 예수님은 우리를 찾아오셔서 '나는 너 죽는 걸 못 본다. 내가 대신 죽는다'라고 말씀하신다. 그리고 부활하신 예수님은 '네가 나와 함께하여 나의 능력으로 어디에서든지 나의 증인으로 살라'고 말씀하신다.

우리에게는 하나님의 자녀의 권세가 있다. 하나님의 자녀의 승리가 있다. 하나님의 자녀의 역사가 있다. 그 역사가 우리에게 풍성하기를 바란다. 우리는 그렇게 사명자로 살아가는 것이다.

당신을 향한 은혜와 사랑으로 여호수아서 24장은 끝난다. 그 은혜와 사랑으로 우리가 이제껏 산 것이다. 이제 그 사랑에 사명으로 반응하는 우리가 되자.

결단으로는 하나님을 섬길 수 없는 존재들인데, 우리의 열심만으로는 하나님을 따를 수 없는 자들인데 그분은 그런 우리에게 오셔서 '너는 나를 따르라. 네가 질 수 없는 십자가는 내가 지겠다. 너는 나를 따르라'라고 말씀하셨으니, 그 사명이 우리를 움직이게 하자.

좌우로 치우치지 말고, 흔들리지 말며, 오직 하나님을 바라보고 하나님의 사명자로 살아가게 되기를 축복한다.

우리를 대신하여 죽음의 자리로 가셨던 예수님을 붙잡으라. 그리고 삼 일 만에 모든 사망 권세를 이기시고 부활하신 예수님을 붙잡으라. 예수님의 그 능력으로 살아가게 되기를 바란다.

"하나님의 뜻대로 살게 하여주옵소서.
하나님의 마음을 붙잡고 살아가게 하여주옵소서.

하나님의 역사를 붙잡게 하여주옵소서.

하나님의 행하심을 체험하는 자가 되게 하여주옵소서."

진:격

초판 1쇄 발행   2023년 8월 31일

지은이   홍민기

펴낸이   여진구
책임편집   이영주 박소영
편집   최현수 안수경 김도연 김아진 정아혜
책임디자인   노지현 | 마영애 조은혜 이하은
홍보·외서   진효지
마케팅   김상순 강성민   **마케팅지원**   최영배 정나영
제작   조영석 허병용   **경영지원**   김혜경 김경희 이지수

303비전성경암송학교 유니게 과정
이슬비전도학교 / 303비전성경암송학교 / 303비전꿈나무장학회

펴낸곳   규장

주소 06770 서울시 서초구 매헌로 16길 20(양재2동) 규장선교센터
전화 02)578-0003 팩스 02)578-7332
이메일 kyujang0691@gmail.com   홈페이지 www.kyujang.com
페이스북 facebook.com/kyujangbook   인스타그램 instagram.com/kyujang_com
카카오스토리 story.kakao.com/kyujangbook
등록일 1978.8.14. 제1-22

ⓒ 저자와의 협약 아래 인지는 생략되었습니다.
이 출판물은 저작권법에 의해 보호를 받는 저작물이므로 무단 전재와 무단 복제를 할 수 없습니다.

본문에 'Mapo꽃섬' 서체가 사용되었습니다.

책값   뒤표지에 있습니다.
ISBN 979-11-6504-462-6 03230

규 | 장 | 수 | 칙

1. 기도로 기획하고 기도로 제작한다.
2. 오직 그리스도의 성품을 사모하는 독자가 원하고 필요로 하는 책만을 출판한다.
3. 한 활자 한 문장에 온 정성을 쏟는다.
4. 성실과 정확을 생명으로 삼고 일한다.
5. 긍정적이며 적극적인 신앙과 신행일치에의 안내자의 사명을 다한다.
6. 충고와 조언을 항상 감사로 경청한다.
7. 지상목표는 문서선교에 있다.

하나님을 사랑하는 자 곧 그의 뜻대로 부르심을 입은 자들에게는 모든 것이 合力하여 善을 이루느니라(롬 8:28)

규장은 문서를 통해 복음전파와 신앙교육에 주력하는 국제적 출판사들의
협의체인 복음주의출판협회(E.C.P.A:Evangelical Christian Publishers
Association)의 출판정신에 동참하는 회원(Associate Member)입니다.

Member of the
Evangelical Christian
Publishers Association